男孩都是外星人

全世界最簡單易懂的男孩性教育

作者 野島那美
漫畫 Kayoko Abe
翻譯 伊之文
審訂 陳敬倫 兒科醫生 橙安親子診所所長

作者序——唉！爲什麼男孩可以這麼天兵？

大家好，我是超級開朗性教育「內褲教室」協會的代表野島那美。

首先，非常感謝你翻開這本書。

我原本是泌尿科護理師，後來以性教育顧問的身分在日本推廣「家長教給孩子的開朗性教育」，轉眼之間已經過了三年，每年協助的家長超過一萬人，其中，我發現男孩的媽媽們煩惱特別多。

有些男孩會斬釘截鐵的說：「雞雞是我的好朋友！」

有些男孩只要說到「便便、雞雞、ㄋㄟㄋㄟ」，就可以哈哈笑老半天。

有些男孩會把褲子脫了隨地亂丟，毫不在意的露出雞雞。

還有些男孩會熱切談論著對ㄋㄟㄋㄟ的嚮往，到很誇張的地步。對媽媽而言，活潑可愛的男孩有時候真令人煩惱呢！

雖然大家都說育兒很有樂趣，不過，養育男孩的媽媽應該除了「樂趣」外，感到「非常辛苦」的時候也不少吧！

養育男孩和養育女孩是截然不同的狀況，男孩的活動量比較大，舉止粗線條，常常一回頭就忘了媽媽交代的話……我遇過很多對兒子這種習性仰天長嘆的媽媽。

「男孩都是白痴又可愛的外星人！」

一位家有男孩的媽媽在我的演講現場上，曾發表過這樣的想法。負責養育男孩的媽媽們，辛苦了！你們都非常努力！請給自己大大的掌聲。

因此，對媽媽來說，謎團最多的應該是**男孩的「性」話題**吧？男孩的生殖器和體格怎樣發育？

男孩從什麼時候開始對性產生興趣？

男孩的性教育要如何教？

媽媽可以和兒子一起洗澡到什麼時候？

因為是男孩，所以不希望他在性方面傷害別人，但就算去問老公該怎麼做，老公也只是面露尷尬的說「不用管他」，怎麼辦？

本書彙整了養育男孩時一定會遇到的性教育煩惱，協助媽媽們勇敢面對這個課題。我非常樂見大家能夠善用本書的育兒祕訣。

本書內容除了育兒建議之外，還包含各種情境漫畫，情節都是媽媽們分享給我的真實事件，希望博君一笑，從而產生共鳴，進而可以安心的想：「原來別人家的孩子也是這樣啊！」此外，**當寶貝兒子開始對性產生興趣時，也希望各位媽媽參考我的建議做為育兒基準，不至於慌了手腳。**

我還希望男孩的媽媽們都能了解男孩的包莖問題、生殖器的清潔方式和身心發育等知識，也盡量解說得淺顯易懂。請務必把本書當作親子之間的溝通工具，和孩子一起面對他的未來，例如一定會來臨的生理發育與戀情，以及如何保護自己，避免被周遭潛藏的危險人物騷擾等重點。

本書的出版是為了減輕育兒的不安和煩惱，讓我們趕快開始學習「開朗的性教育」吧！

二〇一九年十月寫在令和時代來臨之前　**野島那美**

目次

男孩都是外星人
全世界最簡單易懂的男孩性教育

PART 1

我家兒子超愛ㄋㄟㄋㄟ，是不是很奇怪？別擔心，這樣一點也不奇怪！

PART 2

女孩和男孩原來有這些差異！來搞懂外星人男孩的生態吧！

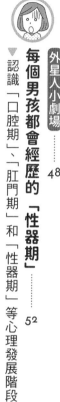

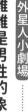

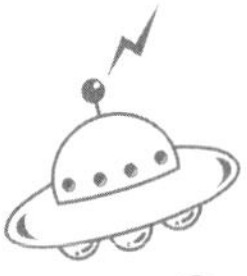

PART 3

這樣不會太早嗎？性教育從小學低年級之前就要開始！

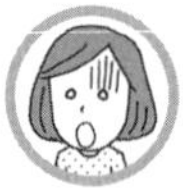

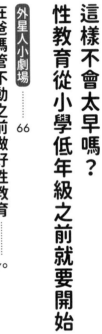

PART 4

性教育課程開始——性教育的奧義就是洗內褲！

PART 5

如何和孩子談「性」？「應該教」和「不應該說的話」

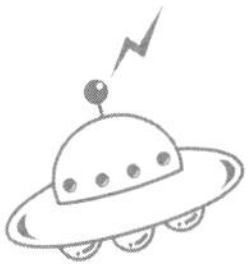

PART 6

原來不只有我家會這樣！如何回答令人臉紅心跳的問題？

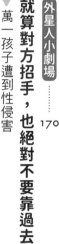

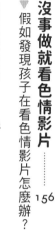

PART 7

孩子真正想要的是什麼？透過性教育告訴孩子的事

PART 1

我家兒子超愛ㄋㄟㄋㄟ，是不是很奇怪？別擔心，這樣一點也不奇怪！

外星人小劇場

5歲的男生

6點半了，該起床了！
松本麻美，是個朝氣十足又開朗的媽媽。
呵啊——
悠哉悠哉的爸爸，廣亮。
穩重的姐姐晴菜，今年8歲。
媽媽，我的粉紅色T恤呢？
5歲弟弟雄太，還在睡夢中。
齁
他總是在抓自己的雞雞。
齁
不要再抓雞雞了！
爸爸你也是！
瞪
被發現了！

盡快處理
松本太太！松本太太！
杉本太太，早安！
趕快帶雄太去皮膚科吧！
咦？為什麼？
昨天，我看到你家的雄太……
他瘋狂的用雙手抓下體！
狂抓猛抓
抓小雞雞！
咦？
那應該是《蠟筆小新》裡小白用的梗吧……＊
那個一定是皮膚病，要去看醫生！
抓小雞雞！
狂抓猛抓
他傳染給我兒子了？
所以我說那是……
不要啊—

＊《蠟筆小新》中，小新養的狗小白有一項特技，就是抓自己的重要部位。

參拜神社
雄太、晴菜，洗澡了！
好——
你又在抓雞雞……
唉——
嗯！
爸爸，你看！
拉——
怎麼這麼長！
他在雞雞上綁繩子來玩。
用翻花繩做雞雞
嚇死我了！
看！超帥的雞雞！
這麼多貼紙！
貼滿滿
亮晶晶
驚！
好痛！
撕、撕、撕、撕……
就叫你不要硬撕啦！

嘩啦——
呀呼！
呀—
呼！好舒服啊！
我想要零用錢！
許願
什麼？
他的雞雞和神社鈴噹好像！
2個鈴鐺
1條繩子
盡量許願吧！
遵命！
喂喂……
會有報應哦！
爸爸也來許願嘛！
咦？
請給我零用錢……
你在幹什麼？

雞雞到底有什麼好摸的？

▼媽媽都在煩惱這件事！為什麼男孩那麼愛摸雞雞呢？

「每次一回神就看到我兒子在摸雞雞，就算罵了他，過一會兒他的手又不自覺的伸進褲子裡……唉！每次被別人看到都覺得好丟臉！怎樣才能讓孩子不再這樣做呢？」

很多媽媽心裡都藏著這樣的煩惱，表示愛摸雞雞的男孩真的很多。

對沒有雞雞的女性來說，大概很難理解**男孩為什麼這麼愛把手伸進褲子裡**，但我還是要在這裡給各位媽媽一個建議：

「請死了這條心吧！」男孩就是這樣的生物！

男孩經常摸雞雞，主要有以下四個原因。

1 摸了很安心

雞雞長得非常細緻柔軟，握著它很舒服。

各位喜不喜歡觸感柔軟的毛巾或布娃娃，想要持續的抱著它呢？除了觸感之外，假如心情上也能獲得療癒的話，自然會更想去摸它了。

不過，請各位放心，這裡所說的「舒服」完全沒有性的意涵，而是比較類似「安心感」。

證據就是，當男孩面臨要上臺發表或教學觀摩等容易緊張的場合時，總是會不自覺的摸雞雞，這就表示他們想要藉此來放鬆。

2 想要「喬位置」

如果穿內褲時，雞雞沒有被好好的放在舒服的位置，這時當然會想要調整位置。對精力過剩的男孩來說，蹦蹦跳跳是家常便飯，所以雞雞自然也會從褲襠的位置「脫隊」。

希望雞雞能夠安放在內褲裡的舒服位置，這是從成年男性身上也能觀察到的普遍行為。要是內衣的位置跑掉了，女生也會覺得很不舒服吧？這是同樣的道理。

3 會癢，或是潮濕

男孩也會因為雞雞不舒服而去摸它，例如發炎或長溼疹。假如雞雞會痛或是發紅，建議去小兒科或泌尿科求診。

4 單純因爲雞雞長在容易摸到的位置

最後一個原因，說不定就是最主要的原因。

雙手隨意下垂時，非常剛好的就擺在雞雞凸出來的地方。男孩本來就有「想要東摸西摸周圍物品」的習性，對他們這種生物來說，在無意識中摸雞雞也是沒辦法的事。

基於這四個原因，男孩經常摸雞雞絕對不是異常行為。**畢竟這是自己的身體，想摸也是無可厚非的事。**

當媽媽的不要罵孩子「不准摸」，而是要教他：**「雞雞是身體寶貴的一部分，要小心對待它哦！」**

然而，當著他人的面摸雞雞，仍然是非常不禮貌的事。

「摸了讓自己覺得很舒服」和「讓別人不舒服」完全是兩回事。

我們應教導孩子：**「除了幫雞雞喬位置之外，在別人面前摸雞雞很沒禮貌，所以只有在家裡或是別人看不見的地方才能摸。」**

與其責罵孩子，不如像這樣明確教導該做與不該做的規範，反而能讓他乖乖聽話。

外星人小劇場
色情書刊
爺爺奶奶家
大家都來了，好熱鬧啊！
把這裡當自己家哦！
噠噠噠
孩子這麼吵，真不好意思！
呼
啊哈哈哈！
媽媽！我找到一本沒穿衣服的色情書刊！
咳噗
什麼？色情書刊？
請不要生氣！
老頭子，這是怎麼回事？
搖頭 搖頭
你竟然藏了那種東西！

我完全沒印象啊！
真的嗎？
我也搞糊塗了……
大罵
你這個色老頭！
色老頭……
色老頭……
啊啊——
爺爺你看，色情書刊！
登愣！
月刊 職業摔角
呃……
雄太是大笨蛋！
哇
啊！爺爺？
怎麼回事？爸爸怎麼哭著跑掉了？
爺爺好可憐哦！
還不都是你害的！

職場性騷擾

什麼？那根本是性騷擾嘛！
Wine & café
OPEN
太過分了！
我都想辭職了！
你已經比我好了！
我上班的時候，經常被人家摸屁股和胸部呢！
太糟糕了！
那是犯罪！
可是我卻不能生氣……
為什麼？
話說，小佐她在哪裡上班？
她是幼兒園老師。
我最喜歡老師了！
呀啊！
呵呵呵——……
嫌犯是雄太，5歲。

最想要的東西
歡迎光臨！
24
飯糰折10元
飯糰大特價
你可以選一個想要的東西，媽媽買給你！
真的嗎？
要買巧克力嗎？
還是冰淇淋呢？
哇哇哇
太好了！
我要這個！
登愣—
超級色情書刊
※這裡就不畫出來了。
有好多ㄋㄟㄋㄟ哦！
哇喔～～
這位媽媽，你要買嗎？
我該怎麼辦……

不管幾歲，男孩就是會對色色的事有興趣

▼性不是禁忌！卻是在社會上生存必須知道的事

基本上，**無論是年紀多大的孩子，都會對性有興趣，這也正是他身心健全的證據。**如果眼前出現美女沒穿衣服的照片，不管是大人或小孩都會想看，這是很自然的現象。

發現自己的小孩站在超商的限制級書刊區前面，眼睛一直盯著雜誌封面看，做爸媽的臉頰簡直要噴火了……這種經驗，許多家長應該都碰過一、兩次吧？

尤其是男孩，他們大多很喜歡女性的胸部和身體。把「ㄋㄟㄋㄟ」掛在嘴邊，也是男孩們悲哀的習性。

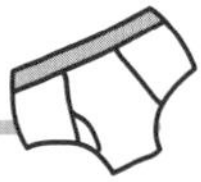

除此之外，**男孩還會想要成為受人注目的「主角」**。男孩之所以常說「便便」、「雞雞」、「ㄋㄟㄋㄟ」，其實是想當主角，想要引人注目的表現。

因為，每當說出這些字眼時，大人就會很緊張的看向自己，其他小朋友聽見了，也會開心的鬧成一團。

對男孩來說，這個時候最能讓他感到刺激和滿足。因為，不管結果是好是壞，他們都能在這一瞬間成為受人注目的主角。

即使媽媽拚命勸阻：「大家都在看，太丟臉了，不要這樣！」但他肯定還是會把這句

話當作耳邊風，真是讓媽媽們哭笑不得。

男孩這樣的習性，對女性來說有點難懂，容我再進一步詳細說明一下。

女生會在意**別人的眼光和評價。**

相較之下，男孩則是比較在乎自己有多開心，他們往往靠**自己給自己的評價**而活。

用「別人都在看」來勸告男孩，對他們來說是很難懂的。

與其如此，不如告訴孩子：

「有人不想聽到這些字眼，所以不要在外面講。」

像這樣用「要體貼別人」為由來勸告，對男孩來說相當有效。

真的很傷腦筋的時候，試試看用這個方法對應吧！

不過，**沒過幾分鐘就會忘記**，也是寶貝男孩們讓人苦笑連連的習性之一。

因此，當爸媽的請不要放棄，要一而再、再而三的告訴孩子「為什麼不能在大庭廣眾下說出不雅的字眼」。

這對媽媽來說，是個頭痛的問題，但也是**男孩與母親的修鍊之路！**

其實，大可不用對這個問題太過敏感。

在家裡的時候，不妨心情放輕鬆一點，發揮耐心，幽默的勸導孩子。

外星人小劇場
泳裝範圍
什麼？雄太他……
在大家面前露屁股？
是啊！光溜溜的。
真是對不起！
可以用「泳裝範圍不可以給別人看」的方法來教孩子哦！
「泳裝範圍」？
對！我們可以告訴孩子，被泳衣遮住的範圍是重要部位，不可以讓別人看到。
原來如此！
老師！ㄋㄟㄋㄟ！
這裡不可以摸啦！
我也要來看這本書！
ㄋㄟㄋㄟ
雄太媽媽，請幫忙阻止一下！

什麼是泳裝範圍？
被泳衣遮住的部位很重要，不可以讓別人看或摸哦！
我才不會給別人看呢！羞羞臉！
對啊！
對啊！
你還敢說！
那麼，頭和眼睛也不可以給別人看嗎？
這就沒辦法了吧？
以後我不會讓任何人看到我的泳裝範圍！
絕對不要！
不准看這個泳裝範圍！
哈哈哈！
脫
不是說不要露出來嗎！

泳裝範圍的演變

媽媽，你看！
看圖學歷史
古代人的泳裝範圍好小啊！
日本古代的送貨員
只遮這裡
哈哈，真的吔！
媽媽的泳裝範圍呢？
和你一樣啊！
可是……
怎麼了？
媽媽的泳裝範圍（二十年前）
（現在）
我的泳裝範圍竟然是全身！
全身包緊緊！
哇……

雄太的進化
我不會再摸老師的ㄋㄟㄋㄟ了！
哇！雄太真了不起！
嗯！
我要摸！
什麼！
不可以摸老師的泳裝範圍！
那是什麼？我聽不懂！
「泳裝範圍」就是這裡！
登愣——
這裡不可以露給別人看！
是嗎？
你又露出來了！

「泳裝範圍」只屬於自己，不可以給別人看

▼「泳裝範圍」是性教育的基本原則

每個孩子都是最棒的「問題兒童」。

但是，孩子的這種天真有時候也會傷害到別人。

舉例來說，以前曾經有家長來找我諮詢，說五歲的女兒從前一天晚上就拒絕去幼兒園。

仔細一問，她才說：

「有男生露出雞雞，炫耀說：『我有雞雞哦！很棒吧！』所以我才不想去上學！」

看到這種行徑時，我通常會幽默的虧一下這個調皮的小男孩：

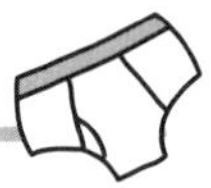

「你的雞雞又不是皇帝的玉璽！」

雖然這對男孩來說只是遊戲的一環，**但他完全沒有想到，這樣做會讓女孩感到受傷。**

男孩之間的吵架，常常是「不是你死，就是我活」，一定要爭個輸贏。

對男孩來說，只要其中一方哭出來，就定了勝負，這是家常便飯。所以，當女孩哭了，他們根本無法察覺到，自己惹對方討厭了……

很遺憾的，「神經大條」就是男孩的內建缺陷。

除此之外，小孩子愛摸幼兒園老師的胸部和屁股也是常有的事，只是這種行為在男孩身上比較常見。

這樣的行為，當然是不禮貌的。像這樣在無意中傷害別人的孩子，我稱他們為**「無心的加害者」**。

雖然這樣的說法聽起來有點可愛，但他們做的事情，卻可能會造成別人一輩子的心靈創傷。

「我不希望自己的孩子傷害別人！」

家有男孩的媽媽們一定都這麼想。

要怎麼教，才能讓沒有惡意的男孩知道，什麼樣的事情是不可以做的呢？接下來我將進行詳細解說。

在性教育方面，最重要的是讓孩子能夠輕鬆理解**「身體私密部位」**的概念。

話雖如此，要讓孩子們清楚搞懂禮節是很困難的。

應該有很多媽媽不知道該從何教起吧？

在這裡，建議大家可以用**「泳裝範圍」**的說法來解釋。

大人一聽就懂的「私密部位」，對孩子來說太難懂了。我們可以用「泳裝範圍」這個說法來告訴孩子**「這些都是只屬於自己的重**

要部位」，同時說明：「這些部位對老師、同學來說，也是很重要的部位」。

「泳裝範圍」的定義是：

・**不可以讓別人看到，摸也不行，只屬於自己的重要部位。**

・**「嘴巴」和「泳衣遮蓋的地方」。**

・**無論男生或女生，同樣都是嘴巴、胸部、性器官和屁股等部位。**

教會「泳裝範圍」的觀念之後，若是面對男孩，就可以對他說：

「把雞雞露出來玩是好事嗎？」

「你不可以去摸老師的『泳裝範圍』，知道嗎？」

「掀女孩的裙子，是對的嗎？」

這些問句，可以在教導孩子禮節時派上用場。

孩子不知道「可以」和「不可以」的界線在哪裡，所以，就讓我們用「泳裝範圍」來幫孩子畫出禮儀的界線吧！

PART 2

女孩和男孩原來有這些差異！來搞懂外星人男孩的生態吧！

外星人小劇場

喜歡的詞彙

什麼？有怪獸？
大事不好了！
媽媽，這裡很危險，你們要趕快避難！
咦？
好可怕！
救救我！
沒關係，不用怕！
一切交給我們吧！
你們叫什麼名字？
我是蛋蛋超人！
閃亮亮——
我是便便超人！
嘿！
哈！
真不想被他們拯救……

每日雞雞
雄太
爸爸
拿破崙
沉思
貝多芬
沉思
畢卡索
沉思……
男生的腦袋想的都是一樣的事哦！
你們男生都這麼天兵嗎？

生命工廠
火車快飛，火車快飛，穿過高山……
越過……
啊！
找到了！超級大彈珠！
嗯？
是在公園弄丟的嗎？
找到了！找到了！
在這裡！
涮啦
哇啊！
媽媽，幫我把它拿下來！
呃……饒了我吧！

爸爸！幫我拿下來！
開門
喂喂！等一下啊！
幫我拿下來！
溼答答
哇啊！嚇我一跳！
哈哈！小雄，這個不是超級大彈珠啦！
是你的「生命工廠」哦！
工廠？
對啊！是非常重要的部位。
咦？孩子的爸很厲害哦！
只要好好照顧，它將來就會長大，
變成水陸兩用的交通工具哦！
啪啪啪啪
像氣墊船一樣
哇啊——好酷！
你們給我等一下！

雞雞是男性的象徵，超酷的！

▼媽媽不了解的男孩生態

前面的篇章已經提及，**男孩從小就很喜歡雞雞。**

把雞雞的皮膚拉來拉去。

用手揉捏蛋蛋的袋子（陰囊）。

和哥哥、弟弟比較雞雞的大小，沉浸在優越感之中。

只要說到「雞雞」就大爆笑……

對女性來說，雞雞真的充滿謎團，搞不懂這些行為到底有什麼意思。因此媽媽們平日在照顧孩子時，經常會遇到許多難以應對的問題。

事實上，真的有許多媽媽找我諮詢雞雞的相關煩惱，其中關於**「雞雞大小」**的問題特別多。

這個問題對女生來說，可能很難理解，不過，**在男孩的圈子裡，「雞雞大小」往往與自我評價息息相關。**

在幼兒園裡，男孩們會在上廁所或換褲子時比大小，因為可以輕易看到別人的雞雞，所以會先以大小來比輸贏。

此外，男孩身上還內建了「要留下子孫」這個與生俱來的「原始設定」，雞雞對他們來說，是「男性的象徵」，是個能夠表現自我價值的指標。沒錯，**雞雞代表了男孩的自尊心。**

所以，男孩常常無法放心的找別人商量雞雞的問題，長大之後也會覺得為了雞雞去看醫生是難為情的事。

就像這樣，不敢告訴別人，而獨自煩惱的人其實很多哦！**有關雞雞大小的煩惱，比我們想像中敏感。**

為了不讓孩子一個人悶著頭煩惱，有些事情要從小教起，詳細內容整理在下一頁。

與雞雞的大小比起來，個人魅力才是重點。

我們應該培養孩子的正確價值觀，讓他們把注意力從雞雞轉移到個性、資質、能力和人格上。

關於雞雞，我們可以和男孩這樣說……

- 每個人的長相都不一樣，每個人的雞雞顏色、形狀和大小當然也不一樣。
- 長大之後，雞雞勃起時只要有五公分＊（大約爲小指的長度）就能夠生小孩，要尿尿、射精或做愛都沒有問題。
- 雞雞大小通常是男孩決定自我價值的指標，但女孩並不會這樣認爲。

＊青春期後陰莖勃起前小於四公分，勃起後小於七公分，建議諮詢泌尿科。

外星人小劇場
語音助理
它真的什麼都知道嗎？
是真的哦！
好！我要問它雞雞的問題！
又來了！
告訴我雞雞是什麼！
叮咚♪
我聽不懂你在說什麼。
「雞雞」、「是什麼」！
叮咚♪
對不起，我聽不懂。
真拿你沒辦法！
就是這個啦！
喀嚓
你把我的手機拿來拍什麼？

蛋蛋超人
小美做得很棒哦！
我捏了一個蛋糕！
我捏了救護車。
好厲害哦！
專注
雄太在做什麼大作？
好酷哦！這是怪獸嗎？
做得真好！
不是怪獸啦！
我做的是英雄戰士「蛋蛋超人」！
什麼——
雄太的媽媽，我有點擔心……
那個臭小子……
真是抱歉……

俄羅斯輪盤
要出來了！
噠噠噠
脫下
抬腳
噗
討厭啦！雄太，別鬧了！
啊哈哈哈
別這樣！你這傻孩子！
幸好這次只有放屁……
等一下！
不要冒這麼大的險！
咻～

大了還是尿了？
會是哪個呢？
……
會是哪個呢？
你在唱什麼？
會是哪個……
唔嗯！
用力中
啊
對不起……
什麼？「對不起」是大了還是尿了？

每個男孩都會經歷的「性器期」

▼認識「口腔期」、「肛門期」和「性器期」等心理發展階段

小男孩為什麼那麼喜歡雞雞呢？我要在這裡告訴各位灰心、失望的媽媽們，其實這個現象是有學理根據的。精神醫學的創始人佛洛伊德，曾針對心理發展階段提出以下的研究結果：

出生後至一歲半：口腔期，從母乳中獲得營養，得到快感。

一歲半至三歲：肛門期，從排便中獲得成就感，漸漸學會上廁所。

三歲至六歲：性器期，從開始上幼兒園到國小入學前。

肛門期？性器期？這些階段的名稱實在很妙！不過，我們的孩子確實都會經歷這樣的成長過程。

「我兒子一天到晚都在喊『雞雞』和『便便』，該怎麼辦才好？」許多家有學齡前男孩的媽媽們常常為了類似問題找我諮詢。從三歲起到六歲，男孩會發覺雞雞的存在，女孩則是發現自己沒有雞雞，從這時期開始，孩子們意識到男女的不同。

心理學上也有「性器期」，由此可見，男孩在這個時期有多麼喜歡「雞雞」這個字眼。這是每個孩子的必經之路，所以要冷靜的接受它，對孩子的類似行為睜一隻眼閉一隻眼，不要看得太嚴重。

當然，如果孩子的行為太失控，例如在公共場合等人群聚集的地方故意大喊這些字眼的話，如此不禮貌的行為就該加以勸阻，方法可參考第二十一頁或第九十七頁。

在宣導性教育時，我總是提倡**「適合進行性教育的年齡是三歲到十歲」**。

到了十歲以後，孩子的身心都已漸臻穩定，開始準備要獨立自主了。當孩子正要往大人階段前進時，他們和爸媽一起洗澡或出門的次數會在不知不覺間減少，進入青春期後，孩子甚至會把朋友看得比父母重要。到了這個階段，爸媽幾乎已經沒機會和孩子談性。

三歲到十歲是孩子頻繁說出不雅字眼，讓媽媽很困擾的「全盛」時期。**只要反過來利用這個時期的特徵來進行性教育，會比想像中順利好幾倍哦！**

「媽媽！我的雞雞變大了！」

你的兒子是否曾經開心的露雞雞給你看呢？這時，媽媽可以稱讚他：「很厲害哦！」要用像是在說「你這麼早起真了不起」的開朗語氣來回應，接著再把話題轉移到性教育。

為男孩進行性教育，最有效益的形式是什麼？那就是**「機智問答遊戲」**！媽媽可以和兒子進行這樣的問答：**「小寶寶在變成小寶**

寶之前叫做精子，你猜猜看它住在哪裡？」「肚子裡！」「猜錯了！是住在蛋蛋的袋子裡！」像這樣一邊玩問答遊戲，一邊增加孩子的性知識，孩子將會興致高昂的與你對話。

進行問答時，有可能會天南地北，聊到各種話題，在此提出兩個必須注意的事項，請在孩子最喜歡雞雞的這個時期好好運用。舉例來說，當孩子把雞雞露給你看時，要注意：

①**不稱讚或嘲笑雞雞的大小（因為孩子對這個問題很敏感）。**

②**提醒孩子「在別人面前露雞雞很沒禮貌」。**

請把這兩個重點謹記在心，遇到機會就把身體的知識和禮節教給孩子。只要孩子脫口說出不雅的字眼時，就用「機智問答」的形式來愉快的進行性教育。像這樣反覆進行，孩子就會漸漸產生好奇心，並常常發問，如此便可在家中建立可輕鬆進行性教育的氣氛。

外星人小劇場

夢想中的ㄋㄟㄋㄟ♥

媽媽！
我的ㄋㄟㄋㄟ也會變大嗎？
噗！

雄太的ㄋㄟ應該不會變大喔！
為什麼？我想要變大！
這孩子一天到晚都在說ㄋㄟㄋㄟ。
你想要像媽媽這樣的ㄋㄟㄋㄟ吧？
不！我想要的是這麼大的ㄋㄟㄋㄟ！
我的ㄋㄟ不大，真抱歉啊！
那是什麼雜誌？

深呼吸
爸爸，男生的內褲為什麼有洞？
嗯？
那是為了讓雞雞呼吸啊！
偶爾要讓雞雞露出來，讓它呼吸外面的空氣！
爸爸的哥哥是這麼說的！
哈哈哈
伯伯說的？
我們以前經常在陽台上裸體曬太陽，好懷念啊！
是喔？
好！我們也來曬雞吧！
好啊！
在陽臺上！
不要亂來！鄰居會去報警的！

失物招領
小雄，你看這個！
什麼東西？
這是……
色情書刊！
超級色情書刊
色情書刊？
我媽媽之前本來說要買給我的！
媽媽讓你選一個想要的東西！
哎呀！媽媽錢帶不夠，沒辦法買這麼貴的書吔！
對、對不起哦—
她這麼說，最後沒有買給我。

這就表示……
表示什麼？
弄丟了這麼貴的書，失主應該很著急！
超級色情書刊
說得對！
大哥哥，這本書是你的嗎？
不是！
老爺爺，這本書是你的嗎？
哇啊！
叔叔！叔叔！你看這個！
那小子……
你知道你在做什麼嗎？
超級色情書

天啊！男孩真是的！同年齡的女孩都已經很懂事了

男孩比女孩「晚熟兩歲」

實際年齡一樣的男孩和女孩，心智年齡卻不同。

喜歡從高處跳下來、看到樹枝就撿、和想像出來的敵人戰鬥、非常好動……這是男孩的特性。

相較之下，女孩比較擅長靜態活動，例如畫畫、玩家家酒、寫信等。

「我兒子比同年齡女孩幼稚，這樣沒問題嗎？」

處於幻想模式的外星人男孩，應該會讓許多媽媽感到不安吧？

遇到這種情況，請媽媽們這樣設想：

「男孩比女孩晚熟兩歲。」

觀察幼兒園的孩子，會發現**女孩的心智年齡明顯比較成熟**。守時、守規矩、會聽老師的話，這些都是女孩擅長的事。

在這個時期，即使你覺得自己的孩子很幼稚，也不需要擔心，因為其他媽媽也和你一樣，對外星人男孩的行徑感到頭痛。

不過，到了高中和大學時期，情況就會大轉變了哦！

舉例來說，男孩旺盛的好奇心會轉變成**「領導力」**；愛收集東西的癖好會轉變成**「對事物的專注力」**；和隱形敵人的戰鬥欲會轉變成**「想像力」**。這些能力會讓他產生自信，為以後出社會的能力打下根基。

如果能這樣想的話，現在再回頭看到外星人兒子和假想敵戰鬥，或是動不動就脫掉內褲的行為，你應該可以稍微放輕鬆一點，不再覺得那麼擔心了吧？

順便一提，由於女孩的心智年齡比男孩大，所以有許多女孩是相當早熟的。

「我喜歡〇〇同學」，女孩會先這樣說。

此外，女孩觀察入微，她們會在朋友的媽媽懷孕時，率先提出「小寶寶是怎麼來的」這種令人臉紅心跳的問題。

還有，女孩對人與人之間的差異也比較敏感細膩，經常對大人提出很難回答的問題，例如：「為什麼我沒有雞雞？」、「為什麼只有爸爸有鬍子？」、「我的胸部什麼時候才會和媽媽一樣大？」等。

這些疑問可能會讓你緊張，但危機就是轉機！

如果孩子問了和性有關的問題，請不要逃避，好好解答。當然，只要在孩子聽得懂的範圍內解釋即可。

性教育有個原則是「**機會只有一次**」。問了和性有關的問題之後，一旦被爸媽責罵或拒絕，孩子就不會再問第二次了。

「性」是人類的根本，要是孩子在詢問與性有關的問題時遭到否定的話，他們受到創傷的程度，將會是其他疑問的好幾倍。

從另一個角度來看，這就表示，孩子是這麼喜歡媽媽。

當你不知道怎麼回答孩子的問題時，可以說：**「媽媽也不知道，之後查到了再告訴你。」**回答時，要連自己對孩子的愛也一起傳達出去。

當孩子被爸媽接納時，所得到的安心感將有助於孩子相信自己、肯定自己。

爸媽們請記住，**「性教育」不是禁忌，而是「愛的教育」。**

超級開朗性教育
內褲教室

經驗分享①

愛知縣　小五男孩的媽媽

有一次，有人買了田尾的名產送我們，我問兒子：「田尾在哪個縣市？」，他回答：**「不知道吔，交尾的話，我倒是知道。」**

如果這件事發生在我接觸「內褲教室」之前，我一定會結結巴巴的說：「交交交交交……交尾？」，我會對這個讓人聯想到性的字眼反應過度，進而想要唬弄過去，或是責罵孩子。

我在「內褲教室」學到「性教育是性科學」，也了解到「知道生命如何誕生」的孩子比較懂得尊重生命和善待他人，所以就把話題從「交尾」延伸到性教育。

不知道田尾，卻知道交尾，這讓我覺得自家的性教育做得真好。感謝「內褲教室」！

PART 3

這樣不會太早嗎？性教育從小學低年級之前就要開始！

外星人小劇場

中學生外宿初體驗

我要去朋友家！
什麼？現在去？
明天早上就會回來了啦！
中學生怎麼可以外宿！
嘍唆死了！
難道你……
是要去抓獨角仙？
不趁晚上先去設陷阱的話，就抓不到啊！

正值青春期
在公園。
我家大兒子現在中學二年級，正值青春期呢！
哦？他的情況如何？
他超級在意髮型的！
原來如此──
還會戴墨鏡……
開始對流行時尚感興趣了。
真可愛！
他實在不適合那種墨鏡，叫他別戴了，他也不聽……
我要去補習了！
裝酷
好丟臉
竟然是古早警匪片造型？

早期性教育
什麼？你獨力製作了性教育的繪本？
杉本太太，你好厲害！
一時興起就畫了——
呵呵
我要看！給我看！
呵呵呵！
書名叫做《小寶寶從哪裡來》。
哇——
拍手
小寶寶從哪裡來？
有一天，老爺爺在路邊救了落入陷阱的送子鳥。
童話？

到了晚上，一位美女出現了。
請讓我借住在這裡。
請千萬不要偷看！
說完，美女就走進房間裡。
老爺爺忍不住開門偷看。
……
結果，老爺爺看到兩隻送子鳥在床上親熱。
呼—
撲通
老爺爺看了非常生氣。
你們在幹什麼！
振翅飛走
覺得如何？
這也太勁爆了！

在爸媽管不動之前做好性教育

▼到青春期再教就太晚了

無論是男孩或女孩，正值青春期的孩子都會對友情、學業、戀愛和身體的變化感到困惑和煩惱，情緒起伏不定。

他們動不動就不高興，關在房間裡不出來，一早醒來又會精心打扮，霸占著洗臉檯不離開。在外面時情緒緊繃，感到孤立和焦慮的孩子，回到家裡或許是得以做自己，會忽然變得沉默寡言，或是反而開始批評爸媽……

青春期是孩子準備長大成人的時期，孩子的內心會非常慌亂！

當我們回顧年輕的時候，會發現自己也有同樣的經歷。因為和

爸媽關係最親近，所以會想要疏遠爸爸，或是對媽媽的生活方式沒來由的覺得反感。在這個時期，孩子們不僅和爸媽奮戰，也和自己奮戰，並不斷在這個過程中摸索自己的生活方式。

你應該可以想像，要是在孩子想要擺脫爸媽的這個時期提起「性」的話題，他們的反彈會有多大吧？

話說回來，青春期究竟從什麼時候開始呢？

根據日本婦產科學會的定義，**青春期是「八歲到十八歲」這段期間。**

這個階段，是不是比你想像中來得早呢？正是如此。當你以為子女年紀還小而悠閒的看待時，其實他們已經即將在轉眼間準備成為大人了。

女孩大約從八、九歲起，胸部就會漸漸隆起；男孩大約從十歲起就會覺得雞雞或蛋蛋袋（陰囊）變大，這就是青春期的起點。但每個孩子的成長速度有個人差異，一個班級裡有人長得快、有人長得慢，所以孩子在這個時期容易產生羞恥或不安的感覺。

為了幫孩子消除這種不安，**我們要在青春期來臨之前，從孩子三歲到十歲這段期間進行性教育**。

就像漫畫內容一樣，小小孩就是喜歡「便便」、「雞雞」和「ㄋㄟㄋㄟ」。**善用幼齡期的這項特徵，就是性教育的鐵則。**

此外，在青春期來臨之前，有一件事特別重要，那就是**「留意網際網路資訊」**。

現代社會和我們小時候大不相同，最大的變化應該是智慧型手機和平板電腦的問世吧？如今，就連三歲小孩都能輕易逛遍網路。想像一下，當孩子對智慧型手機說「我要看雞雞（或ㄋㄟㄋㄟ）」……身為大人的你，應該知道會出現什麼吧！

我自己就有這樣的經驗。我女兒兩歲時，我播放某一部全國小孩都在看的卡通影片給她看，結果播著播著卻連結到成人影片。

原則上，當小小孩在搜尋、觀看那些影片時，他們並沒有那種色色的思想，但跑出來的圖片和影片卻全都讓我們不知道該把目光放在哪裡……

我們無法永遠陪在孩子身邊，如果像以前那樣，抱持著「性教育就讓學校去教」的觀念，孩子們的性知識恐怕會有偏差。

再見了，舊時代的性教育！來吧，迎接新時代的性教育！

你可以**試著把孩子常說的不雅詞彙當關鍵字，輸入手機，看看會出現什麼搜尋結果。**像這樣，先對網路世界稍微進行一些接觸，會對未來的心理建設帶來很大的幫助哦！

外星人小劇場
可怕的叔叔
我回來了！
晴菜，你回來啦？
剛才好可怕！
怎麼了？
我在回來的路上遇到一個叔叔。
然後呢？
他一直盯著我看。
咦？是變態嗎？

他是不是穿著大衣？
嘿嘿嘿嘿
不是吔！
他對你做了什麼？說了什麼？
都沒有。
然後，我仔細看他的下半身……
呀啊！他露了對不對？你看到了？
我發現他沒有腳，
然後他就消失了。
他穿得很像古代士兵。
某方面來說，那種更恐怖吧！
陰魂不散的武將幽靈？

什麼是變態？
爸爸，什麼是變態？
便當袋？
我是說變態！
為什麼問這個？
男孩也可能會遇到變態哦！
我的同學正人說的。
我知道！
變態就是……
臉色蒼白、穿著鎧甲，站在路邊的人！
哭……
那是古代士兵……
媽媽跟我說過

我知道了！變態就是雙手下垂，一邊走一邊呻吟的人！
吼嗚
一跛一跛
那是喪屍啦！
我想到了！變態就是拿著菜刀，大喊「愛哭鬼在哪裡」的人！
嗚嘎
那是生剝鬼啦！
日本的非物質文化遺產吔！
喂喂！
我完全不懂！
變態到底是什麼？
我也沒想過這個問題……
變態……
意思是動物在發育過程中改變形態。例如：獨角仙。
1
2
3
耀眼！
變態真是帥呆了！
這和我想的不一樣啊！

人煙稀少的地方很危險！

教孩子保護自己

「跟我來，我請你吃糖果！」

「請問車站怎麼走？」

「我這邊有很多超酷的變身玩具哦！」

如果有陌生人對你的孩子說這些話，你覺得他會有什麼反應呢？孩子們往往難以抵抗甜美的誘惑，想要幫助別人的同情心也會油然而生。

所以，孩子很輕易就跟陌生人走了。

當然，幼兒園、學校或爸媽都教導過孩子，絕對不能跟陌生人

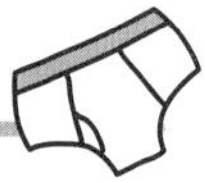

接觸，但是卻很少有人告訴孩子，如果跟陌生人走的話，會發生什麼**可怕的後果**。如果孩子不知道後果，自然不會產生足夠的危機意識。

因此，我們要先把**「保護自己的性教育」**教給孩子。

我們要告訴孩子，**每個人身上都有「只屬於自己」的重要部位，不可以摸別人的，自己的也不能讓別人摸。**

關於「自己身上不能隨便讓別人摸的重要部位」，我在第1章曾經提及相關的教導技巧，不知大家是否還記得？

沒錯，就是**「泳裝範圍」**！

因為很重要，所以我再強調一次，**「簡單易懂」**是教孩子的首要重點。我在一年內為將近一萬名家長傳授性教育，而在教學內容中，「泳裝範圍」這個關鍵字得到「對孩子來說最容易懂」的超高好評。

「泳裝範圍」涵蓋的部位是：

・**「嘴巴」和「被泳衣遮住的部位」。**

・**無論男生或女生，都是嘴巴、胸部、性器官和屁股等部位。**

「泳裝範圍」這個關鍵字真的很好用！

若要教女孩「穿著裙裝時雙腿要併攏」，可以用這個關鍵字來提醒她。

若要教男孩，就可以告訴他：**「不可以和別人互摸雞雞鬧著玩，那裡是『泳裝範圍』，裡面有很多小生命哦！」**

藉由這樣的方法，就能夠教會他們如何分辨「可以」和「不可以」。

「自己和別人身上都有很重要的部位」，讓孩子理解這個概念，就是防身教育的第一步。

舉例來說，如果孩子知道身體不可以讓別人亂摸、嘴巴不可以讓別人亂親，萬一遇到的時候會懂得躲開，就能夠防患於未然。

性犯罪就發生在我們周遭，有很多人都是長大之後回顧從前，才發覺自己小時候可能曾經遭受性侵害。

根據日本內閣府的調查，一生中每六十名男性中有一人，每十三名女性中有一人曾遭遇性侵害。*

不要覺得自己的孩子絕對沒問題，別讓心肝寶貝成為受害者，當然也不要成為加害者！要把性知識當作護身符，當作送給孩子們的禮物。

*根據臺灣內政部警政署「一〇八年犯罪被害概況」的統計資料，單以民國一〇八年而言，每十萬名男性中有〇・一一人，每十萬名女性中有一・六一人是強制性交的受害者。另外，在「一〇八年兒少被害概況」當中，兒少被害案以「性交猥褻」（占百分之二一・六九）最多，「性侵害」（含強制性交、對幼性交及性交猥褻）的兒少被害人數有一九八八人。

外星人小劇場

毛都長好了

小學時的爸爸
咦？你已經長毛了？
什麼？你還沒長嗎？
才不是咧，我當然也長了！
像黑猩猩一樣濃密。
很強嘛你！
我的像黑洞一樣！
那麼黑？

我把它取名叫黑森林！
很危險哦！
好猛
黑到迷失方向？
太有趣啦！今天大家一起洗澡吧！
咦？為什麼？
因為我想看黑森林啊！
我今天有事……
那，我要看黑洞……
我要補習！
……
……
……
結果，其實大家都還沒長毛……
你們男生實在是……

校外旅行

我開始長毛了，好害羞哦！
咦？
真的嗎？我要看！
哇哈哈哈！
才不要咧！
咦？毛在哪裡？
沒看到啊
咦？
所以，大家正在幫牧田找他那第一根值得紀念的毛。
我那根珍貴的毛呢……
老師

恭喜！
哇！怎麼有蛋糕？
是要慶祝什麼嗎？
呵呵呵！
和樹，恭喜你！
恭喜你長毛了！
恭喜！
從隔天開始，和樹就關在房間裡，不肯出來了。
召喚魔獸出來吧！
我要全部燒光光！
嗚吼
禁止進入
所以我就說不要慶祝嘛！

濃密的陰毛是邁向大人的一大步

▼來預習青春期男孩的生態吧！

男孩的青春期大約從十歲開始。

以先後順序來說，首先是雞雞和蛋蛋袋（陰囊）整體感覺變大，接著陰毛長出、初精來臨、開始變聲和長鬍子。

「初精」是指精液第一次從雞雞排出，每個人情況都不同，最早可能發生在小學三年級，最晚則是高中時期。

由於初精來臨的時間點並沒有明確的預兆，所以男孩的性發育其實並不容易察覺。

這個時期，**孩子會因為感覺自己跟不上身體急遽變化的速度，**

而陷入混亂、感到不安。

在這段變化過程中，有兩種特別常見的困擾，那就是**「異味」**和**「陰毛」**。

首先是「異味」。

到了青春期，汗水的分泌量會變多，建議各位媽媽可以幫忙準備吸汗面紙和除臭噴霧。

這時可以跟孩子說：**「這是長大的必備物品。」**，然後把這兩樣東西遞給他。

再來是「陰毛」，無論長得濃密或稀疏都令人煩惱。

陰毛長得稀稀疏疏的，孩子覺得好丟臉……

但是，長了濃密的陰毛，孩子也覺得好丟臉……

男孩其實比我們想像中還要玻璃心。

而且，**男孩比女孩更不擅長適應變化。**

我們要事先告訴孩子「**長大成人的過程中，會隨之出現什麼樣的變化**」，讓他們做好心理準備。也要不斷的對孩子說：

「無論變成怎樣，你都是最帥最酷的！」

這是一句魔法咒語，在青春期到訪之前，我們越常對孩子說這句話，他內心的養分就越充足。

這句魔法咒語，將會在孩子面臨青春期煩惱時，守護著他們。

PART 4

性教育課程開始——性教育的奧義就是洗內褲！

外星人小劇場

我想說！我想說！
便便！
雞雞！
便便！
雞雞！
不准再說了！
暴怒
雖然你們覺得好玩，可是有些人並不想聽到這些詞彙。
會帶給別人困擾，知道嗎？
真的很困擾！竟然讓我家的幸樹學到這些字眼！
咦？
是你家幸樹先說的！他老是在說雞雞！雞雞！
他才沒有老是在說雞雞！
那個……
雞雞
雞雞
雞雞
你們造成我們的困擾了……
啊！對不起！
這裡是住宅區……

對不起，我會小心，不會再說那幾個詞了！
真的嗎？
我不會再說便便和雞雞了！
真了不起！
小雄好乖！
嘿嘿──
抱緊──
我也不會再說了。
真了不起！
剛才真是對不起！
哪裡，我才不好意思！
他們真是好孩子！
真的……
啊！
喀啦
喀啦

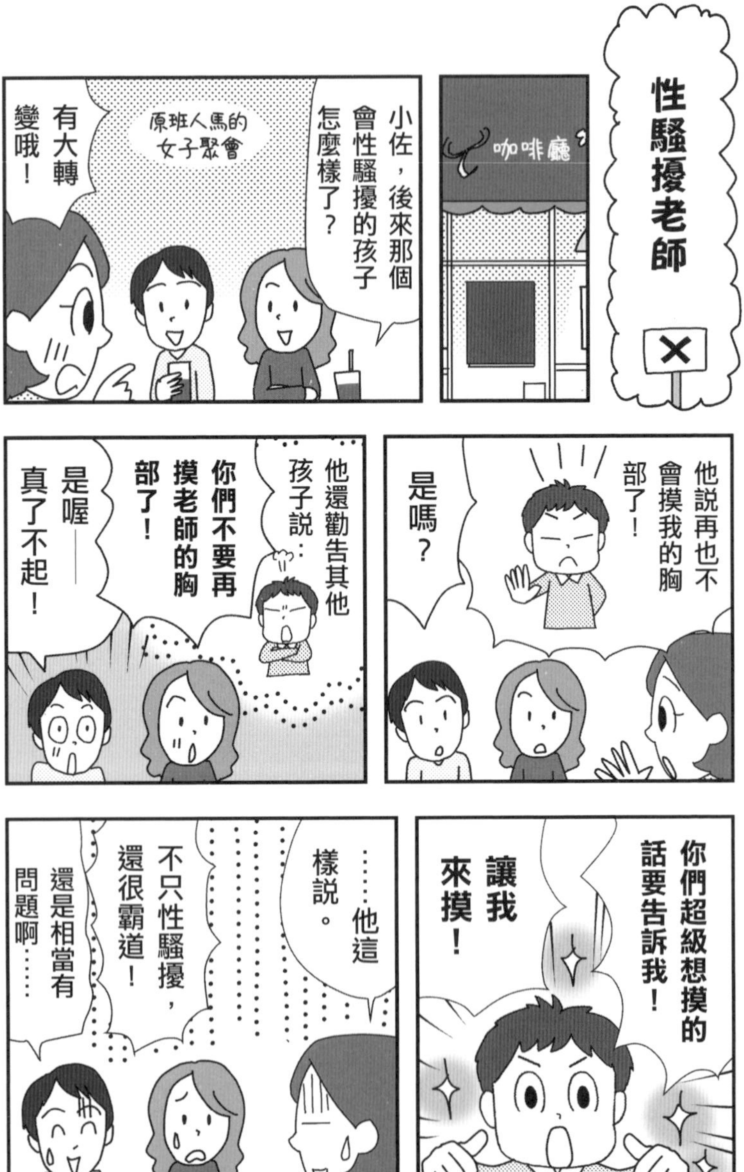
性騷擾老師
咖啡廳
小佐，後來那個會性騷擾的孩子怎麼樣了？
原班人馬的女子聚會
有大轉變哦！
他說再也不會摸我的胸部了！
是嗎？
他還勸告其他孩子說：
你們不要再摸老師的胸部了！
是喔——真了不起！
你們超級想摸的話要告訴我！
讓我來摸！
……他這樣說。
不只性騷擾，還很霸道！
還是相當有問題啊……

不能說的詞
××
叮咚♪
來了！
送貨來嘍！
你們家有大人在嗎？
我媽媽在家，她正在便……
你不可以在別人面前說「便便」和「雞雞」哦！
媽媽她……
？
她正在把積了三天的東西從屁股排出來，要再等一下哦……
啊？
我下次再來！
砰！
那個臭小子！
火冒三丈

當孩子說「便便」、「雞雞」時不要緊張，這是大好機會！

找機會進行性教育

從這一章起，我要開始傳授進行性教育的具體方法。

進行性教育的階段是三歲到十歲。

首先，大前提是孩子開始聽得懂爸媽說的話。從三歲到十歲，這段孩子最愛說「便便、雞雞、ㄋㄟㄋㄟ」的時期，正是進行性教育的絕佳機會，**要好好利用孩子最愛說的髒髒、色色字眼來進行性教育。**

當孩子說出那些字眼時，他們完全沒有半點猥褻的思想。

男孩懂的詞彙比女孩少，這也是發育上的一個特徵。因為男孩

會用的詞彙偏少，所以他們往往想用大家容易側目的不雅字眼來引人注目。

對男孩來說，那些髒髒、色色的詞彙真的很有魅力。

一群男孩聚集時，總是會一邊說「便便」、「雞雞」、「ㄋㄟㄋㄟ」一邊笑。光是這樣就覺得好玩，這就是外星人男孩的特性。

此外，三歲到五歲之間，有八成的孩子會開始問與「生命」及「性」有關的問題。

「小嬰兒是怎麼生出來的？」

「媽媽，要不要跟我結婚？」

從很直接的問題到可愛的問題都有。他們只要一想到什麼問題，就會問個不停。

當孩子說「便便」時，不妨反問他：

「便便從哪裡出來？」

「肛門！」

「那麼，男孩胯下有幾個洞？」

「兩個！尿尿的洞和便便的洞！」

「等你長大了，尿尿的洞還會跑出別的東西哦！你猜是什麼？」

「……不知道。」

「會跑出小小的生命，它叫做精子哦！」

這就是所謂讓孩子主動引起性教育的動機。

「性教育越早開始越好教！」許多正在養育青春期孩子的家長們，異口同聲的說。

不過，從小就開始進行性教育，許多家長還是有點不安。爸媽擔心的是：「孩子會不會在大庭廣眾之下說出不雅的字眼？」他們在開始進行性教育之前，就遇過孩子接連不斷的說著

「便便」和「雞雞」，他們很想對孩子說「饒了我吧」，常常處於驚恐狀態。

其實，有個方法可以教導孩子不在公共場合說出這些字眼，**這時就輪到「泳裝範圍」登場啦！**

「在外面的時候，別人聽到便便、雞雞和ㄋㄟㄋㄟ這些話會不舒服，所以有關『泳裝範圍』的話題只能在家裡說！」

不妨這樣告訴孩子，讓孩子理解那些話在有些地方可以說，有些地方不能說。

在家裡的時候，孩子就算有點得意忘形也無妨。

請各位把色色的字眼當作進行性教育的大好時機，輕鬆看待。

因為這就是孩子對爸媽主動發出「開始性教育吧！」的訊號。

外星人小劇場

自創歌曲♪

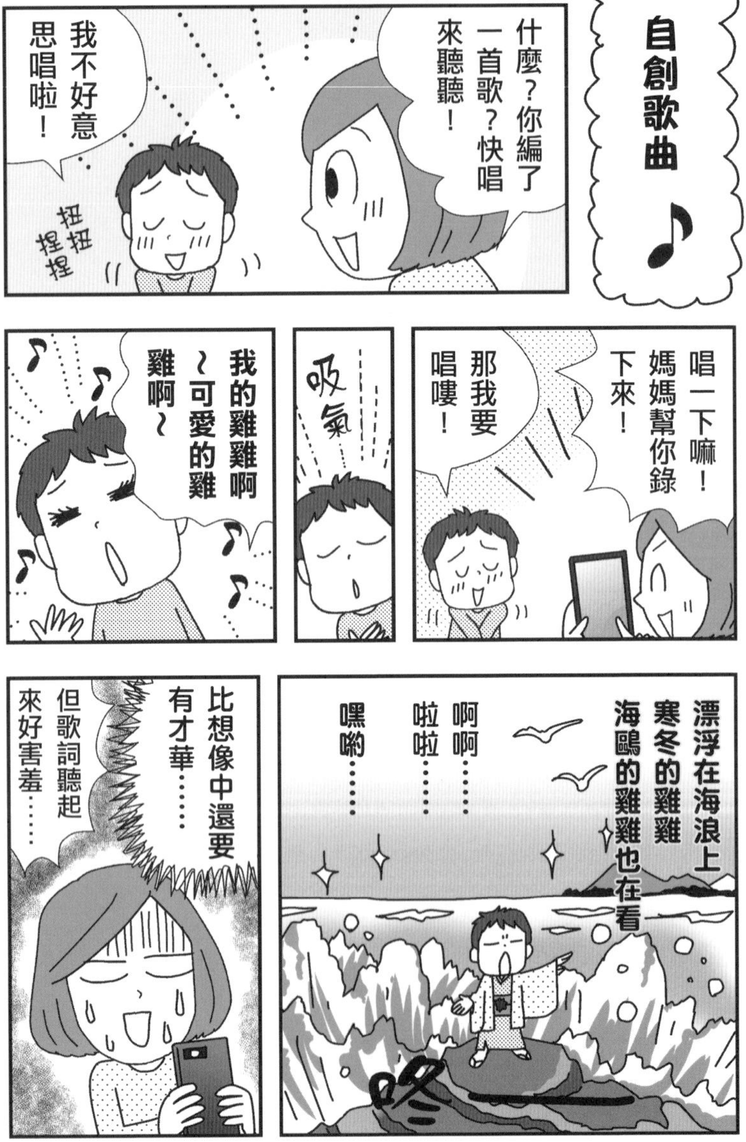

什麼？你編了一首歌？快唱來聽聽！
我不好意思唱啦！
扭扭捏捏
唱一下嘛！媽媽幫你錄下來！
那我要唱嘍！
吸氣
我的雞雞啊～可愛的雞雞啊～
漂浮在海浪上
寒冬的雞雞
海鷗的雞雞也在看
啊啊……
啦啦……
嘿喲……
咚——
比想像中還要有才華……
但歌詞聽起來好害羞……

早熟的正人同學
我知道其他比便便和雞雞更難的詞！
是什麼詞啊？
齁齁
那就是……
襯褲！＊
嗚哇！
那是什麼？
就是女生的內褲啦！
嘻嘻嘻
連身衛生衣！＊
嗚哇！那是什麼？
就是女生的內衣啦！
嘿嘿嘿
哇！正人好厲害！
正人是阿嬤照顧的孩子。
阿嬤，今天的點心是什麼？

＊襯褲和衛生衣都是老年婦女穿的內衣褲，正人是阿嬤帶大的孩子，所以用老年人的詞彙。

來洗內褲吧

媽媽，
沮喪……
內褲弄髒了……
哭
沒關係啦！因為你肚子不舒服嘛！
要不要直接去洗澡？
對了！要不要練習自己洗內褲？
好啊！好啊！
試試看吧！
臭
內褲要脫下來再洗！

雄太忍耐中
唉……
雄太，你怎麼無精打采？
老師！
我以後不再說「便便」和「雞雞」了！
我答應媽媽要做到。
咦？真的嗎？
我現在超想說那兩個詞，但是要忍耐！
雄太真了不起！
脫下
可是，你露雞雞沒關係嗎？
我沒有答應媽媽這個！
沒關係！

內褲要自己洗，這是常識

▼讓孩子自己洗內褲

製造與孩子談「性」的機會，並不是件容易的事。

因此，我想建議各位**讓孩子養成自己洗內褲的習慣**，並把這個過程當作進行性教育的切入點。

以下解說讓各年齡層孩子自己洗內褲的方法。

・二～三歲

這段時期剛好和擺脫尿布的年紀重疊，先讓孩子知道弄髒的內褲要放入洗衣籃。

在講解時，要把完整的步驟教給孩子，帶孩子一步一步做，讓他們學會在內褲弄髒之後，自己主動把內褲拿去洗衣籃放。

・三歲以後

在這個時期，尤其是男孩經常無法把屁股擦乾淨，還常常漏尿在內褲上，所以可以教導孩子把內褲洗乾淨，而這正是進行性教育的大好時機！

「等你再長大一點，你說話的聲音就會變低，體型也會更健壯，好期待啊！」

「女孩會有月經哦！」

「那裡為什麼會長毛呢？」

像這樣，清洗內褲時，可以聊很多話題。爸媽最大的職責，就是讓孩子學會獨立，並培養在社會上生存的能力。

假如爸媽能夠未雨綢繆，在孩子小的時候就協助他們養成自己洗內褲的習慣，並適時的與孩子聊初精的話題，那麼等到孩子將來因為夢遺或自慰而弄髒內褲時，這個習慣和知識就能立即派上用場。如果把「從小就自己洗內褲」變成家人之間的不成文默契，那麼未來即使是髒衣服裡混進了溼溼的內褲，親子之間也不會感到尷尬了，對吧？

自己洗內褲，也是讓孩子獨立的一大步。

有句名言是：「羅馬不是一天造成的。」性教育也一樣！

「性教育也不是一天就能學會的。」

絕大部分的媽媽都以為只要說一遍就夠了，但令人傷心的是，

如果只說一次，男孩大多記不住。

應該有很多事情，是連最親近的媽媽也無法好好傳達的吧！

教導孩子時，請務必做好心理準備。**一開始孩子教不會、做不**

好都是正常的，請試著調整步調，逐漸把傳授的性教育知識難度降低。

要讓性教育變簡單只有一個方法，那就是「把傳授性知識變成一種習慣」。

習慣每天都稍微提一下有關性的話題，就是把知識傳授給孩子的最快捷徑。有時候聊生命、身體的變化、異性和戀愛，有時候聊做愛、避孕、月經和初精，一點一滴的為孩子累積知識。

孩子們會好好學起來的，不用擔心！

就算被孩子說「噁心」，也不要氣餒。孩子會被突如其來的性話題嚇一跳，但只要和孩子多聊幾次，他們就會主動發問了。

這時，請別忘了加上一句：**「爸媽最愛你了！」**

這樣的表達方式，能讓氣氛變得很溫馨，進而讓性教育在家裡成為輕鬆話題。

外星人小劇場

沒有受傷
媽媽，你流血了！
不要擔心，這是月經……
我跟你說……
痛不痛？哪裡受傷了？
爸爸！媽媽受傷了！
啊！等一下……
爸爸應該會幫忙解釋吧？
啊——那個是……
別擔心，媽媽沒有受傷。
總之請盡快過來！我太太受重傷了！
驚慌失措
你做了什麼？
媽媽出事了！
嗚哇
喔—咿—喔—咿—

小寶寶的床
媽媽肚子裡「小寶寶的床」，每個月都會清理一次哦！
什麼？
小寶寶？
不過，媽媽肚子裡現在沒有小寶寶就是了。
什麼嘛！
真失望！
平常就要保持乾淨，如果有小寶寶時才可以睡啊！
因為只是在清理小寶寶的床，所以這種流血不是受傷哦！
這樣啊——
哇！太神奇了！
為什麼最感動的人是你啊？
月經來的時候不要泡在海裡哦！會被鯊魚攻擊的！
好可怕——
這種奇怪的話題你就很會說！
嘖

現代安心理論
媽媽，我也會有月經嗎？
當然嘍！
什麼？好討厭！
我也會嗎？
雄太不會有啦！
太好了，我贏了！
這不是輸贏的問題！
月經是為女生長大成人做準備。
雖然一開始會很不安……
媽媽也是嗎？
一開始也會。不過，你們想像一下哦……
五百萬年前，最早的人類誕生時……
咦？

他們住在洞穴裡，身上穿的是毛皮，外面有野獸徘徊。
那時候，女生就已經有月經了哦！
嗚吼！
嗚吼嗚吼？
女兒
媽媽
不但沒有衛生棉，也沒有生理褲，連止痛藥都沒有！怎麼辦？
有夠不安的！
即使在這種情況下，人類還是繁衍了下來。
好厲害！
和那時候比起來，現代社會令人安心多了！
健康管理APP
高品質衛生棉
止痛藥
真的吔！
總會有辦法的！
就是這樣！
女生好強大……

這不是受傷流血，而是經血

▼洗澡時和搭車時是進行性教育的好機會

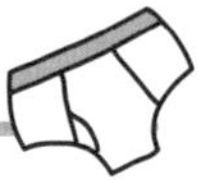

把衛生棉藏起來、生理期的時候請老公和孩子一起洗澡……你會不會像這樣對兒子隱瞞月經的存在呢？其實這樣做是很可惜的。

對媽媽來說，男孩的身體充滿了未知。同樣的，**對男孩來說，女性的身體也是未知的領域。**即使孩子在學校上課時學到了月經，但知道的也只是皮毛而已。

如果可以，我們應該把孩子教成一個懂得疼惜另一半的人。

為此，**媽媽可以運用自己的月經進行機會教育：**

「女孩的身體和男孩不一樣，會有月經。」

「月經來時雖然會流血（經血），但這不是疾病。」

「月經是身體每個月為了生小孩而做的準備。」

「月經來的時候，女生經常會不舒服，要對她們好一點。」

「衛生棉是用來把經血接住的。」

「不要拿月經開玩笑。」

請媽媽把和月經有關的知識告訴孩子，最重要的是，要培養孩子疼惜異性的心。

男孩最喜歡媽媽了！

媽媽說的話，會變成孩子的人生劇本。要為孩子寫個好劇本，還是充滿悔恨的劇本，就看媽媽怎麼教。

實際上，對月經有充分了解的男孩，在升上小學之後會對媽媽說貼心的話，彷彿化身為浪漫的義大利人。例如：

「媽媽，你現在生理期對吧？那今天晚餐我來做，你好好休

息！」

「將來我也會這樣對待我的老婆。因為有月經，所以我們才會出生！」

來上課的媽媽們都讚不絕口的說：「把月經的觀念教給兒子，真是太好了！」原因或許就是孩子對她們說了這麼貼心的話。

順便一提，男孩是一種靜不下來的生物。當媽媽鼓起勇氣與兒子聊性時，才提第一句，他就已經跑掉了……這可是相當常見的現象哦！

因此，**如果要和男孩聊性話題，我建議時機可以選在洗澡時和搭車時。**

因為浴室和車內都是孩子一時之間無法任意離開的環境。尤其車內是和青春期男孩聊性的好地方，因為在車上談這類尷尬的話題時，雙方都會望向前方，可以不用看著彼此的表情。

正在養育男孩的媽媽們，一定要好好利用洗澡時和一同搭車的時光哦！

對了，每次說到這個話題時，經常會有媽媽問我：**「可以和兒子一起洗澡到幾歲？」**前面提過，孩子到了十歲就進入青春期，這時會開始用性的眼光看待女性，也是孩子開始學習獨立、探索自己身體的時期。所以，**到了十歲（也就是小學四年級），媽媽就不要和孩子一起洗澡了。**

讓孩子有時間獨處，也是爸媽的職責。

經驗分享 ②

高知縣　小一男孩的媽媽

你的出生是天大的奇蹟，你的存在讓我多麼開心和感謝！因為在「內褲教室」學習，讓我學會如何真心誠意的告訴孩子：「謝謝你出生在這世界上！」

當我的大兒子感到心滿意足時，會跟我說：「當媽媽的孩子真好！有你當我的媽媽真是太好了！」此外，他還會謝謝我教他性知識和保護自己的方法。他似乎對於我教他那麼多事情感到快樂，也曾對我說：「謝謝媽媽為了我去學那麼多知識！」

真沒想到孩子竟然會有這樣的反應！在接觸「內褲教室」之前，我到底在害怕什麼呢？幼兒期到小學時期的孩子真的很純真。媽媽對孩子的愛，孩子都感受得到。

進行性教育之後，親子關係也變好了！

PART 5

如何和孩子談「性」？「應該教」和「不應該說的話」

外星人小劇場
生日快樂！
小雄，祝你生日快樂！
嘿嘿……
禮物是什麼？
是你想要的電動遊戲哦！
太好了！
爸爸已經開始玩了……
專注
轟隆
昏倒
我也期待很久了啊！
怎麼跟小孩搶玩具……
沒關係啦！爸爸，一起玩吧！
可以嗎？

小雄好懂事啊……
老公，你也要懂事一點！
這孩子真的長大了……
其實，雄太在我肚子裡時，我被醫師診斷出妊娠糖尿病……
我大吃一驚，查了才發現……
它對孩子的影響包括……先天畸形、巨嬰症、發育不良、新生兒低血糖症、呼吸窘迫……
哇！怎麼辦？
於是我開始忌口，每天出門散步。老公天天陪我一起散步，最後順利生下雄太。
沒問題！我陪你走到天涯海角！
晴菜→
只不過是和孩子搶著玩遊戲，就原諒他吧！
咧！是我贏了！
我最討厭爸爸了！

今天是掃墓日
所以說……
我的曾祖父、曾祖母，還有更早的祖先都睡在墳墓裡面嗎？
是啊！
好神奇！生命一代一代傳下來！
媽媽，謝謝你把我們生下來！
媽媽才想說謝謝呢！我最愛你們了！
抱緊
另一方面，孩子的爸則是……
好燙！好燙！好燙！
正在和線香奮戰。
熊熊燃燒
祖先
這傢伙最不中用了！

最可愛的記憶
媽媽，我要看我小時候的照片。
咦？
你看，好可愛唷……
真的好可愛！
我小時候超可愛嗎？
你小時候比誰都可愛啊！……不對，你現在也是最可愛的！
照顧小嬰兒很辛苦嗎？
這個嘛——
那時候是很辛苦沒錯，但我已經忘光了！
我只記得你有多麼的可愛！
呀啊～～
我就知道媽媽會這樣說！
呀哈哈哈
所以才會經常叫她拿照片給我看。

你出生那天，是奇蹟的一天

▼再次思考性教育的真正目的

「咦？我該不會懷孕了吧……」

還記得這時候的心情嗎？還記得第一次偵測到胎兒心跳的那一天嗎？

有些人會因為肚子裡有了新生命而感動。

有些人則是感到責任重大與不安。

每個人的心情都不一樣，相信拿起這本書的各位媽媽，在第一次抱起自己的孩子時，應該都**希望他一定要幸福**吧！

那麼，你的孩子現在真的幸福嗎？

日本內閣府曾對包括日本在內的七個國家（另外六國是韓國、美國、英國、德國、法國和瑞典）做過一項調查，向滿十三歲至二十九歲的年輕人詢問「你對自己滿意嗎？」」。結果六個國家約有八成的年輕人是「對自己感到滿意」，但日本的年輕人「對自己感到滿意」的比率竟只有百分之四十五……也就是說，**日本年輕族群對自我的肯定程度超乎常人的低。**

居住的環境很安全，可以安心讓孩子單獨出去玩，完善的教育環境讓每個人都能上學，二十四小時都能買到食物……日本是全世界最幸福的國家之一，沒想到日本的年輕人對自我的肯定程度卻是如此低落。

對自己滿意、懂得愛惜自己的人，才會懂得尊重別人。但在當今二十一世紀，年輕朋友們非常重視個人的存在感，無論如何都想和別人比較，導致輕忽自己的人越來越多。

為了幫助孩子培養珍視自己也懂得尊重別人的特質，爸媽首先必須告訴孩子：**「爸媽最喜歡你，最重視你了！」**

在表達這樣的想法時，要留意一個重點，那就是不只要讓孩子體會這樣的想法，**還要讓他有切身的感受。**

例如，當孩子過生日時，就是和他聊生產回憶的大好機會！

「我第一次看到你爸爸哭，就是在你出生的時候哦！」

「你阿嬤跑去廟裡祈求了好久，就是希望你平安出生哦！」

如果不好意思對孩子說「我愛你」，可以在每天晚上睡前告訴孩子：**「謝謝你出生在世界上。」**這句話同樣具有讓孩子沐浴在母愛中的效果。

養育男孩時，應格外留意自信心的培養。

讓孩子切身感受到「我是在爸媽的期盼下出生的」，是培養孩子的自信和自我肯定感的重要步驟。這將有助於他理解親密家人的重要，並能從這個起點獲得力量，進而勇敢的開拓自己的人生。

畢竟，每個人都渴望被需要的感覺。

順帶一提，當爸媽緊緊擁抱孩子的時候，雙方都會分泌一種叫做「催產素」的「幸福荷爾蒙」，沉浸於深深的幸福感之中。

我也很推薦親子透過按摩或手指遊戲來增加肢體接觸，是很好的日常紓壓方式。

當家庭成為孩子最安心的歸屬，他們才能更加放心的學習獨立自主。

外星人小劇場
早安大雞雞
雄太，起床了！
啊！
鼾
媽媽，不好了！雄太的雞雞變得好大！
咦？
沒有啦，那個很正常……
快點來！
超大！
巨大──
你們很吵吔！
真是的──
呼啊──
這是我早上要穿的衣服啦！
拿出
不要放在那種地方預熱！

沒戒掉的人
啊！
縣長選舉
6月20日
他是我同學！
岡田學
真的嗎？是現任議員吔！
好厲害！
他很會念書，還當過學生會長。
不過，他老是在摸胯下。
摸摸
大家都叫他「摸摸」。
呃……
那是為什麼？
不知道吔……是習慣嗎？還是在抓癢呢？
我才沒有摸胯下咧！
誰在摸啊？
摸摸
看來他現在似乎還是老樣子……
岡田學
應該是習慣成自然了吧……

不是壞事唷！
咖啡廳
咦？自慰？
沒錯。
還在上幼兒園就這樣？
聽起來好糟糕……
啊！你們都誤會了哦！
聽說那和大人的自慰不一樣，沒有性的含意。
怎麼回事？意思是出自本能嗎？
就是這個意思！

據說那和掏耳朵或搔肚子一樣。
孩子只覺得自慰很舒服，
不知道這是不對的事。
好舒服—
呀
不過，還是阻止一下比較好吧？
對！所以教法很重要！
起碼不要當眾……
你在做什麼！不准那樣！
如果這樣罵孩子的話……
驚嚇！
就會在孩子心裡留下
「這樣是錯的」、「會挨罵」的想法。
來幼兒園的時候不要這樣唷！如果這樣做，被細菌感染就糟糕了，要把手洗乾淨哦！
這樣教才正確！
真是長知識了！
不愧為教學十年的資深老師！
我都被你們叫老了……

可以自慰，但應適可而止

別嫌孩子不純潔，自慰是正常的

目前為止，我指導過**一萬三千位媽媽，她們最常問的問題多與「自慰」有關。**

自慰、打手槍、尻尻、手淫……這檔子事的同義詞很多，這個高難度的話題，是不是讓爸媽覺得很難對孩子啟齒？

看到小小孩摸著重要部位，爸媽當然會嚇一跳。尤其媽媽在驚訝之餘，一定是六神無主，不知該如何應對才好。

對於這個現象，我要告訴大家，**即使孩子還很小就會自慰，也完全沒有問題。**

小小孩的自慰行為和青春期以後的自慰行為不同，只是因為覺得舒服才那樣做，其中並沒有性的含意。

這是孩子成長過程中的一種習性。

大人也一樣，如果有人強行禁止我們去做舒服的事，我們也會覺得反感，對吧？

觸摸自己的身體並感到舒服，這就和微風吹在臉上而感到舒服一樣，絕對不是什麼害羞或可恥的事。

孩子對於「舒服的事」比大人還要敏感，年紀再小的孩子也懂得去探索自己的身體。

自慰在人類的性行為當中，是非常重要的一環。

從小就開誠布公的和孩子討論這件事，將是給予孩子理解自己身體的一個大好機會。

另一方面，如果爸媽對於孩子的自慰表示厭惡，並加以責罵或否定的話，孩子在往後的人生中，有可能會以自己的存在為恥，並陷入自我厭惡或懷抱罪惡感等負面情緒。所以在自慰行為的處理上，更應格外小心。

身體是屬於自己的，每個人都可以順從自己的意願，去觸摸自己想摸的部位。因此，自慰這件事本身並沒有問題。

在這裡僅提出一個建議，那就是要清楚告訴孩子：**「不可以在別人面前自慰。」**年紀尚小的孩子還無法充分意識到身邊的人，所以爸媽要明確的把這一點交代清楚。

如果看見孩子在自慰，你可以笑笑的說：

「這樣子感覺舒服嗎？在別人面前就不可以摸自己的『泳裝範圍』哦！」

此外，還可以告訴孩子什麼時間和地點適合自慰，例如教他**「等身邊沒有人的時候，在床上或廁所自慰」**。

和孩子討論性話題的同時，如果能告訴他「有些壞人會想看、想摸別人的『泳裝範圍』」，並趁著這個時機教導孩子保護自己的方式，將能獲得更好的效果。

在培養孩子對性的知識之餘，還能同步教導孩子察覺周遭是否有性侵害的危險，可說是一舉兩得！

在此提醒大家，我們面對的是世界上最可愛的外星人男孩，是**沒走幾步路就會忘記事情的生物**。所以請發揮耐心，不厭其煩的教導他吧！

此外，在第十九頁曾提及，孩子在緊張時會想要放鬆，或是因為想要「喬位置」而自然的伸手去摸雞雞。

對於這一類男孩才有的特殊情況，就請你試著睜一隻眼閉一隻眼了。

外星人小劇場

叛逆期女高中生

媽，你不要沒化妝就出門！
這樣很丟臉吔！
我女兒竟然這麼說！
好過分……
你女兒是高中生嗎？
她現在根本是叛逆期，不太跟我說話。
我很不高興，所以今天也故意不化妝。
這樣很好啊！
就是說啊！你有你的自由！
話說……你應該是大木太太吧？
應該是吧？
有化妝的大木太太
有差這麼多嗎？

褐髮的義工
你說什麼？
你兒子在照護中心當義工？
這樣很棒啊！
真是個好孩子！
但他外表很像不良少年……
囉唆死了！
褐髮
耳環
他的內在是個好孩子啊！
可是，有人對他以貌取人……
咦？好過分！
是照護中心的人嗎？
是那些長輩。
你那頭髮像話嗎？
儀容不整的人，內在也好不到哪去！
碎碎念
好嚴格的銀髮族……

大好機會！(二)
學長，我一直都……很喜歡你！
咦？
我也是……
真的嗎？
要……接吻嗎？
什麼？
好的，現在正是大好機會！
性教育的大好機會！
啥？
好！你要從哪個主題開始？
呃……
十幾歲的性衝動！
竟然問這個？

大好機會！（三）
CHANCE
學長……
小鹿亂撞
小霞……
好的，現在正是大好機會！
性教育的大好機會！
又來了！
問題來了！和異性肢體接觸時，下半身的變化是什麼引起的？
咦？
愛慕的心？
叮咚—
是男性荷爾蒙才對吧！
喂！

等孩子進入叛逆期就來不及了

▼如何跟處於青春期和叛逆期的男孩相處

應付年紀還小的外星人男孩很辛苦，但是與正值青春期的孩子拿捏距離也是一件難事。

「孩子為了一點小事就抓狂，過沒多久又變得心情沮喪，有時又忽然跑來跟我撒嬌……我真的搞不清楚他在想什麼！」

類似的煩惱，我經常耳聞。

每一位做爸媽的都會經歷孩子的青春期，這是一段非常辛苦的歷程。

好不容易等到幼小的孩子聽得懂大人說話了，青春期卻又接踵

而至，焦頭爛額的爸媽，被孩子的情緒耍得團團轉！

面對孩子的成長變化，你一定很想大聲吶喊：「喂喂喂！當媽媽的到底何時才能鬆一口氣啊！」

世上的媽媽們真的太偉大了！

不過，**不管怎麼說，男孩的行為都是無法預測的。**

某天，孩子突然開始染髮或抽菸……很遺憾的，那些讓孩子依照本能行動的「外星人特質」，直到青春期依然存在他們的體內。

此外，青春期的孩子，心理上經常是焦躁不安的。

為了順利度過青春期，我們要在青春期來臨之前把許多性知識傳授給孩子，包括身體的變化、男女在生理上的不同、如何保護自己不遇到性犯罪，以及維護自己和他人之間的界線等。

如果可以，應該盡可能讓孩子在青春期來臨之前，充分了解這些知識。

在小學課堂上還不會提到做愛、避孕和保險套，也幾乎沒有機會和孩子聊性犯罪。

男孩也有可能會遭逢性侵害。

男孩若是缺乏性知識，也有可能不小心讓女孩懷孕……

這些悲劇都是在對性方面缺乏知識的情況下發生的。

身為爸媽，應該不忍心讓心愛的孩子面臨這樣的人生吧？

為此，我們要趁孩子年紀還小的時候，盡可能教導正確的性教育與性觀念。

請記住，**媽媽要從孩子還小的時候，就盡量向他直接傳達自己的心情。**

當親子間聊到「小嬰兒好可愛」時，可以告訴孩子**「希望你當個懂得珍惜生命的人」**。

聽到孩子說出輕視媽媽或女性的話時，要告訴他**「我希望你當**

個會珍惜女孩的男子漢」。

當電視上播報性犯罪的新聞時，要告誡孩子**「我不希望你像那樣傷害別人的身心」**。

說得簡短也沒關係。把重要的事情交代得簡短，正是讓孩子容易理解的要訣。性和防治犯罪的話題或許有點難以啟齒，但是只有爸媽能把孩子引導到正確的道路上。大家都有著同樣的煩惱，都是希望孩子幸福的戰友，現在就一起鼓起勇氣，面對這樣的話題吧！

面對青春期孩子時，還有一個值得注意的重點，那就是**「請把他當成大人看待」**。孩子在過了十歲以後，就不喜歡被大人當成小孩。爸爸媽媽請以慎重的語氣，讓孩子明白：「即將成為大人的你，有一件重要的事必須要知道」，以這樣的態度為開場白，和他談性知識。**孩子步入青春期以後，「認真的傳達」比「有趣的傳達」更重要。**

超級開朗性教育
內褲教室

經驗分享 ③

有一天，我家大兒子從幼兒園放學回來之後，很驕傲的說：「媽媽，我今天學到了很棒的知識！」我很興奮的反問他學到什麼，沒想到他竟然高聲大叫：「Sex！」

這個反應來得太突然，我當下反應是立刻衝去關門。

我心想「為什麼這個年齡會學到這個詞」，戰戰兢兢的追問詳情，孩子就開始念：「one、two、three、four、five、sex、seven……」。原來他只是不小心把英文單字的「six」說成「sex」而已，是我反應過度了。

這件事讓我親身體驗到，孩子的驚人發言總有一天會突然來臨。

如今我在「內褲教室」學習性教育，這件事也成了我和大家分享的有趣經驗談。

PART 6

原來不只有我家會這樣！如何回答令人臉紅心跳的問題？

外星人小劇場

珍藏的相簿

原來這種相簿可以訂做？
好棒喔！

先選好照片，就可以透過網路訂做哦！
好方便！
我要看！我要看！
好好看！
是世界獨一無二的相簿吔！
我要訂做我的雞雞寫真集！
然後拿去賣！
用膝蓋想也知道不行！

胯下癢
啊！雞雞那邊好癢！
小雄，怎麼了？
可是又不能說「雞雞」！
我這裡很癢！
登楞
也不能露給大家看！
怎麼辦？
咚咚咚
小雄，怎麼了？
我這裡很癢！
太遠了，看不到啊！

男孩和女孩都會在意
咦？
不要一直看那邊啦！
唉啊！
我會害羞！
爸爸，我問你哦！
為什麼你有雞雞，我卻沒有呢？
爸爸也很想知道！我們一起找答案吧！
什麼？
該怎麼回答才好啊……
不自覺的裝傻唬弄過去了……
發生什麼事了？

媽媽，我問你哦！（三）？
昨天我兒子問了很難回答的問題。
他問我「什麼是包莖」。
終於來了！
我們女生根本不懂什麼包莖啊！
就是說啊——
好像要動手撥開之類的？
竊竊私語
也有人說不用勉強撥開……
聽說再過一陣子就會撥個不停！
什麼？
你說的是猴子剝洋蔥的故事吧？
怎麼剝都剝不完！
就是那個！
抱歉

包莖要自己翻開包皮清洗

▼雞雞的清潔方式需要你的教導

很多書籍會傳授養育男孩的方法，但這些書籍多半沒有提到**雞雞的事**。尤其在進入青春期之後，最常讓男孩暗自煩惱、感到不安的問題就是包莖。大家平時或許不會提起這個話題，但其實**很多媽媽都非常關心雞雞的保健問題，其中當然也包括包莖。**

「我帶三歲的兒子去做健康檢查，醫生說雞雞要翻開來洗，但說到底，究竟該怎麼做？」

「我試過了，可是翻不開。」

「感覺好像很痛……」

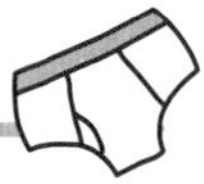

「這樣應該要動手術嗎？」

「我們當媽媽的要幫兒子翻到什麼時候？」

大家在這方面遇到了各式各樣的煩惱，和孩子的爸商量，結果往往只回了一句「不用管它」……像這樣，不知該如何是好的媽媽們已越來越多，有鑑於此，以下傳授一個**大家應該要知道的「雞雞基本清潔法」**。

首先，我希望各位了解，每個剛出生的男嬰都是包莖。這時候雞雞被包皮覆蓋，之後將隨著年齡增長而蛻變，包皮自然就會向後退縮。因此，讓我們把包莖的狀態分為「青春期前」和「青春期後」兩個階段。

包莖不是疾病，不過如果包皮在小時候就向後退，這樣的確比較衛生。包莖大致可以分為**「真性包莖」**和**「假性包莖」**兩類，「真性包莖」指的是包皮開口窄，看不到龜頭。如果硬是用力往下

真性包莖

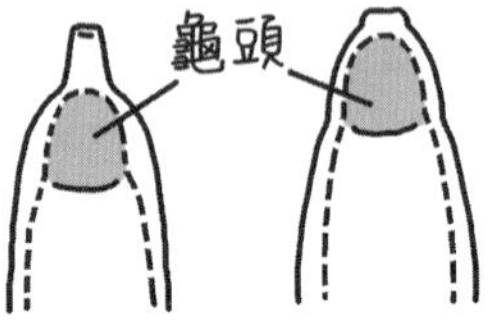

即使去拉包皮
也拉不下來，
看不見龜頭。

假性包莖

用手把包皮往
下拉，龜頭會
稍微外露。

拉，會導致破皮疼痛。「假性包莖」指的是平時龜頭雖然被包皮所包覆，但只要動手稍微拉動包皮，龜頭就會稍微露出來，不算是疾病。**在日本，假性包莖的成年男性比例高達七成**，不過，女性對包莖這個觀念幾乎一無所知，所以男性朋友們不必對包莖感到太過在意或自卑。*①

對於男孩在青春期之前的真性包莖，只要洗澡時，記得順便把包皮輕輕翻開來洗，持續做這個練習，龜頭就會漸漸的從包皮中露出。清洗龜頭的方法，請見第一五〇頁圖示。

如果年幼的孩子在清潔龜頭時表示疼痛的話，請千萬不要勉強孩子！因為雞雞真的是個非常敏感的部位。

男孩到了青春期時，包覆在包皮裡面的雞雞會長大，龜頭會更容易從包皮中露出，所以不用擔心，這時只要確認看得到冠狀溝就可以了。＊②

不過，**青春期以後的男性，如果還有真性包莖問題的話，務必要謹慎看待，盡快就醫，尋求專業諮詢。**因為雞雞如果長年在這種狀態下成長，不僅在清潔方面會有很大的問題，還可能導致龜頭發

＊① 臺灣泌尿科醫學會指出，新生男嬰中約有百分之九十五是龜頭無法暴露出來的「生理性包莖」，到了一歲左右，包皮與龜頭沾黏的現象降低至百分之五十；到了十歲，仍有百分之十為生理性包莖。目前兒童包莖問題，可在醫師評估後塗抹類固醇藥膏，治療成功率達八成以上。

＊② 龜頭下面呈環狀凹陷的部位，即為冠狀溝。

清潔雞雞的方法

把包皮往身體的方向拉

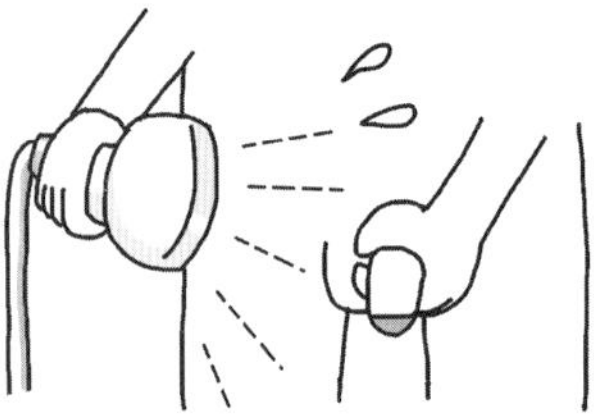

清洗雞雞前端的龜頭

把包皮推回原位

育不良，請審慎處理。

如果孩子年紀還小，但媽媽還是很擔心真性包莖的問題，也可以尋求泌尿科醫生的諮詢。畢竟我們不是專業，面對孩子的狀況，多一分了解，也是無可厚非。

媽媽要讓孩子從小就認知到，自己練習翻開包皮並清洗龜頭，是為了保持身體健康而做的事。順道一提，男孩從青春期開始的自慰行為，也會間接的讓包皮變得較容易翻開。所以，爸媽可以繼續陪孩子觀察青春期後包皮的變化。

對男孩來說，雞雞的煩惱是個敏感又容易造成創傷的問題。如果男孩在青春期之後，還有雞雞相關煩惱的話，直接向泌尿科醫師求診也不失為一個好方法。只要聽到醫生的一句「不用擔心」，男孩就能澈底的感到放心。

外星人小劇場

很猛的影片

什麼？你們沒看過嗎？
ㄋㄟㄋㄟ的影片。
什麼？ㄋㄟㄋㄟ？
你說話小聲一點啦！
我要看！
？
看起來大概這麼大……
咻——的飛出來，把壞人打倒！
砰！
太酷了！
原來是機器人卡通啊……
鬆了口氣

影音出租店
影音出租店的最裡面，
有一個房間。
聽說那裡放了很多ㄋㄟㄋㄟ的影片！
你要去看？
真的嗎？
躡手躡腳……
喀嚓
咦？
你們有什麼事嗎？
休息室

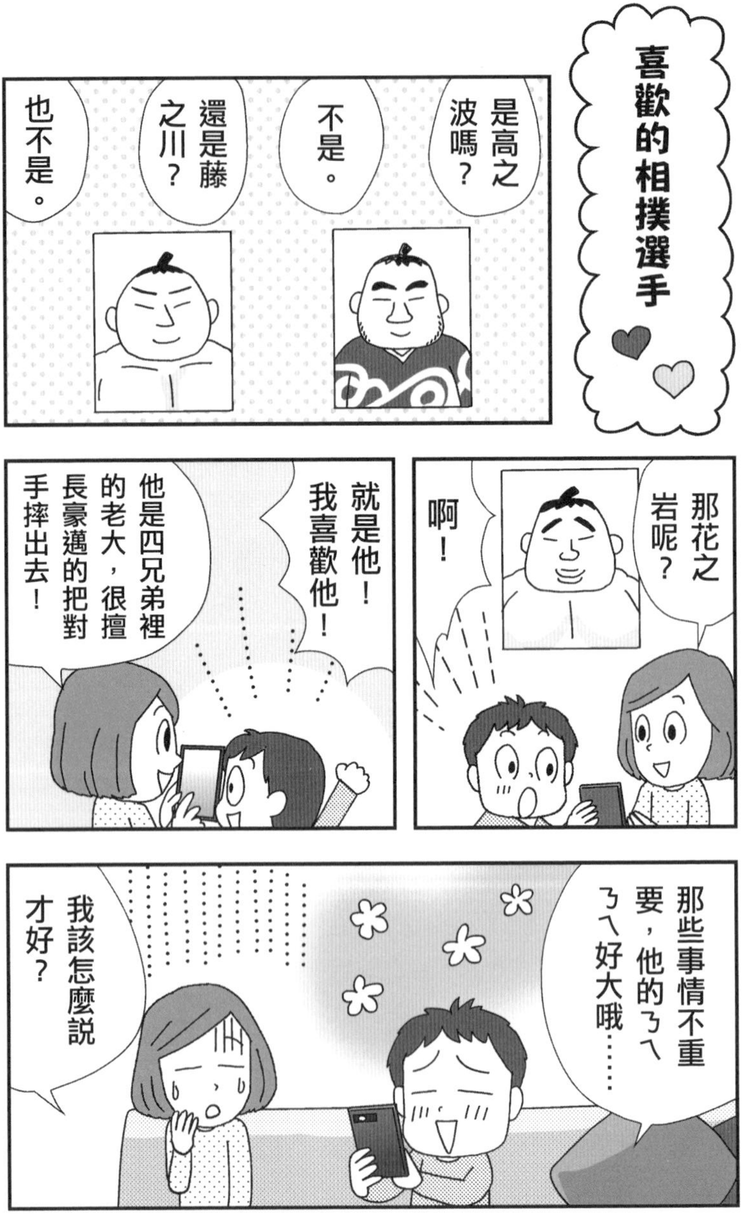
喜歡的相撲選手
是高之波嗎？
不是。
還是藤之川？
也不是。
那花之岩呢？
啊！
就是他！我喜歡他！
他是四兄弟裡的老大，很擅長豪邁的把對手摔出去！
那些事情不重要，他的ㄋㄟ好大哦……
我該怎麼說才好？

早就看穿了
阿貴，衣服放在這裡哦！
哇啊！
怎麼啦？幹什麼那麼慌張？
靈光一閃
哈哈，在看色情影片對吧？
才不是咧！
這影片是在說，有一隻狗狗為了見住院的主人，跑到50公里外的醫院找他！
狼狽不堪……
腳步蹣跚
我來找你了……
嗚嗚——
我不敢看那麼催淚的影片！
哇——
太好了，老媽真好騙。
他越來越會瞎掰了……
實在是哦！

沒事做就看色情影片

▼假如發現孩子在看色情影片怎麼辦？

你是否發現，最近比較少看到小朋友在外面玩了？

以前可供小孩玩耍的地點很多，例如公園或河邊等。現在情況變得不太一樣了，很多地方都設立了「禁止丟球」的告示牌。當孩子能去的地方受到限制，他們自然就越來越常待在家裡。

說到在家能玩的東西，當然就是遊戲機，或是智慧型手機等連上網路的裝置。最近，影音網站或影音應用程式裡可供小朋友觀看的影片庫越來越豐富，應該有很多家庭平時就會使用吧？

即使是沒有使用的習慣，孩子們還是充滿了過剩的好奇心和創意，能夠想出大人想不到的玩法，令人肅然起敬。

然而，假如孩子有上網看影片的話，我們就有一些必須注意的重點。

大家知道**「艾莎門」**這個詞嗎？

它的英文是「Elsagate」，意思是指**「表面上看起來是適合兒童觀賞的卡通角色影片，但內容其實並不適合兒童，甚至會讓孩子受到驚嚇。」**

這個英文詞語，是把迪士尼電影《冰雪奇緣》女主角的名字「艾莎」（Elsa）加上含有醜聞意涵的英文字尾「gate」組合而成。

在臺灣和日本，有些影片是用「麵包超人」或「巧虎」等受小朋友歡迎的卡通人物來訂定名稱，這些影片的縮圖看似適合一般兒童觀看，事實上內容卻含有很多殘忍畫面或性愛情節，例如：

- **正義的英雄對小朋友施暴**

· **卡通人物的性愛場景**
· **頻繁出現的排泄畫面**
· **超人氣卡通人物被活埋**

其中很多影片就連大人看了都覺得不舒服，也有小小孩受害，因為看到影片中的驚悚畫面而受到驚嚇。

只要一想到心智尚未成熟的孩子，因為這些影片而對身心成長與價值觀造成深刻的影響，就令人心痛。

當我把這件事告訴家長時，有些人說：「本來就不能讓孩子看網路影片！」

然而，身處於現代，網紅在「孩子憧憬的職業排行榜」上是名列前茅的職業，因此要讓孩子完全避開網路影片是非常困難的一件事。

如果是專為兒童設計的影音頻道，像是「YouTube Kids」或

「Netflix 兒童節目」就能安心觀賞。

不過，即使已經這麼小心了，當你發現孩子在看色情網站時，心臟還是會漏跳一拍吧？

這時候，家長們常忍不住有三種反應：生氣、責罵和檢討。

但是，**「想看」是孩子的本能。**不管再怎麼生氣、責罵或檢討，**只要孩子沒有搞懂「為什麼不能看」，再多的責罵，也只會讓孩子對爸媽越來越不信任。**

如此一來，他們應該會趁爸媽不在時偷看吧！

那樣反而更加危險了，對不對？

與其那樣，了解孩子「看了什麼」、「有什麼感想」和「怎麼找到那個網站的」是更加重要的關鍵。

所以，我建議可以這樣對孩子說：

「你在看什麼？哎呀！是色情網站！看了有什麼感想嗎？哈

哈……你是從哪裡連過去的？」

可以用開朗的語氣這樣問孩子，並且把自己的心情坦白告訴孩子：

「我希望你現在先不要看暴力的影片，等到上了中學，學會判斷是非善惡之後再看。」

當孩子了解不能看的原因之後，他們就會聽話。

如果你早就和孩子聊過這些，等他升上小學高年級，正對「性」話題興致盎然的時候，他就會把校園生活和交友關係的細節毫不保留的分享給你，例如「我朋友只會一直用

平板電腦看色情網站，跟他在一起很無趣」，或是「我今天看了這種色情影片」。

這時候，正是和孩子談「性」的大好時機！

你可以和孩子深入聊聊，告訴他，在接下來的階段可能會運用到的知識和可能面臨的生理變化，例如保險套的用法、避孕和戀愛等。

無論到了什麼時代，機會總是戴著危機的面具前來造訪。

請千萬不要錯過與孩子談「性」的最佳時機！

外星人小劇場

媽媽，我問你哦！（三）

昨天我兒子又問了很難回答的問題！
什麼問題？
啊！
我知道了！
他是不是問「小嬰兒是從哪裡來的」？
小孩常問這個！
真傷腦筋啊！
要是那樣的話還算好咧……
「人類從哪裡來，又要往哪裡去？」
他問的是這個！
這誰知道啊？

女孩的矜持
啊！
衛生棉
糟糕！被男生撿到了！
來。
好丟臉啊！
面紅耳赤
啊！我有姐姐，已經習慣了。
這很平常，不要放在心上。
咦？
就算這樣還是很噁心！
發生什麼事？
怎麼了？
真搞不懂女孩！

親親事件
宏樹，你跟她親親了？
真的嗎？親親？
是小美說「來親親吧！」的啊……
你說什麼！
沒想到小美竟然喜歡你這種三角臉光頭！
小雄，你好過分！
你會和她結婚吧？
咦？
親親之後就要結婚！
是這樣嗎？

法律是這樣規定的！
沒有這種規定啦！
老師就是沒親過才沒有結婚！
不要講這種奇怪的話！
小宏，你們不用結婚沒關係，但是以後不可以親嘴巴！
因為嘴巴是很重要的部位！
我知道了。
你能了解真是太好了！
你們真是乖巧的好孩子！
我要不要也老實的大喊「好想親親」呢？
啊！可是，我現在比較想放屁吔！
噗——
不要幫我配奇怪的臺詞！
好——

沒事的，很早就有經驗沒什麼好炫耀

▼怎麼教孩子「親親的下一步」？

你看過現在孩子在看的漫畫和雜誌嗎？

這些讀物之中，竟充斥著許多接吻和半裸的畫面。前面章節也提到過，只要透過網路，就能夠輕易看到色情影片，難道說，這樣的環境已經成為常態了嗎？

「小學時期和別人交往是理所當然的，如果在小學畢業之前連接吻的經驗都沒有，不是很丟臉嗎？」

現在的孩子似乎有很多人這樣想。

孩子們這樣真的沒問題嗎？對孩子們來說理所當然的事，的確

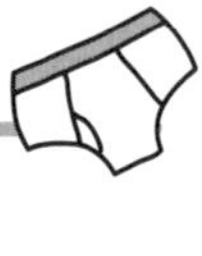

和我們成長的年代不一樣了。孩子們的資訊來源只有網路、雜誌和同儕，對他們來說，「大家都這樣做的事」就是「對的事」。

我能體會孩子們嚮往接吻的心情。和別人交往，有特別的人在身邊會帶來滿足感，也會覺得自己比別人優越。

可是，當小學生開始交往之後呢？

孩子們沒有管道獲得「下一步」的知識，因為學校不會告訴孩子什麼是「做愛」。這時候就輪到爸媽出場了！

以接吻來說，如果一到兩歲的孩子在親親，我們或許還能微笑以對，但如果孩子的年紀再大一點，例如是小學高年級的孩子在接吻呢？

孩子的年齡越大，爸媽也會越緊張。

別讓心愛的孩子在我們沒發覺的時候，悄悄累積知識和經驗，在這些事情發生之前，就讓我們已經為孩子灌輸性知識。

我經常建議家長，**三歲以後的性教育要從身體和生命的話題開始。**

其實，「三歲」是個非常重要的時間點。

當孩子到了三歲，就已符合以下條件：

- **學會巧妙運用語言，能夠聽懂日常生活的對話。**
- **能夠體會別人的心情。**
- **能夠判斷現在、過去和未來。**

從這個時候起，親子之間便能夠開始互相溝通。

假如你覺得很難開口，不妨從動物的話題切入。

「小象會待在大象媽媽的肚子裡兩年哦！你猜猜看，你在媽媽的肚子裡待了多久呢？」

「海馬的世界裡，是由海馬爸爸孵出小海馬哦！你猜猜看，人類是爸爸還是媽媽生的呢？」

可以用這樣的開場白，把話題從動物延伸到人類。

不管孩子到了幾歲，只要開始教都不算晚。你可以從教導孩子自己洗內褲做起，並且藉此機會和他聊精子、卵子、受精和做愛。孩子年紀越小，對「性」就越有興趣，反應也會越可愛。

但是，在孩子就讀小學之後，他們的反應就會改變。明明是他們自己來問「小嬰兒是從哪裡來的」，但當爸媽下定決心和他談的時候，孩子卻沒在專心聽，要不就是因為尷尬而嫌煩、嫌噁心。這也是成長過程之一，即使孩子「不想聽」，爸媽還是要告訴他這很重要，並且持續傳達。爸媽認真的態度，孩子感受得到！

小孩子——尤其是男孩——只要過了三分鐘，就會把重要的事情忘光光。請懷抱著**「同樣的事必須說十次！」**的心情，不屈不撓的面對！

外星人小劇場
什麼是危險人物？
聽說有可疑男子出沒，
開著車搭訕小學的小朋友，
還裸露著下半身……
他為什麼要做這種事呢？
這個嘛……該怎麼說呢？
他是不是忘記穿內褲出門了？
暴露狂
你知道哪裡有在賣內褲嗎？
沒穿內褲才奇怪吧！
晴菜和雄太要小心可疑人士哦！
我知道了！
……

怎樣才算是可疑人士？
嗯……這個嘛……
例如眼神很可怕的人？
朝美商店的叔叔長得很像壞人……
附近的店員
其實他很喜歡小孩，是個好人。
好可愛唷
是哦……
抱歉
那……例如奇裝異服的人？
擔任里長的松田叔叔總是穿著森巴舞衣，但是他很親切吔！
嘿！
我的朋友！
舞蹈老師
嗯——
到底該怎麼教才好……
我們家的左鄰右舍雖然怪怪的，但都是好人。
好為難

認識性侵害
！
你要好好認識性侵害哦！
什麼？
社會上有很多壞人，要好好學習，以免受害！
你真的很煩吔！
媽媽第一次遇到色狼，是在高中的時候。
有個怪叔叔一直把身體靠過來。
貼近 貼近
這個人是怎樣？
哼哼
什麼？
當時為什麼沒有叫他住手？
因為我不知道他是色狼嘛！

我還曾經被人偷拍裙底。
喀嚓！
什麼？
也曾經遇到露鳥俠。
唉啊！
嘿！
媽，你太沒警覺心了！
車上人擠人時，本來就不應該站在門邊！
穿短裙時，要用包包遮住！
也不可以一個人走沒有人煙的夜路！
這些都是常識啊！
是哦……
你還是看看這個吧！
女性自我保護手冊
好……

就算對方招手，也絕對不要靠過去

▼萬一孩子遭到性侵害

假如有一天，孩子被身邊的大人或朋友亂摸身體、強吻，甚至遭到性侵害的話……

雖然不願去想像這種事，但遺憾的是，它還是有可能發生。為了以防萬一，我希望各位能稍微思考一下「當孩子遭到侵害時怎麼辦」。不過，說到底，身為爸媽的我們真的能夠察覺嗎？

我們光是想像自己遭到性侵害，就會覺得很可怕、很不安，對吧？若是換成孩子，他們除了會有這些感受之外，還會覺得：

「要是把事情鬧大怎麼辦……」

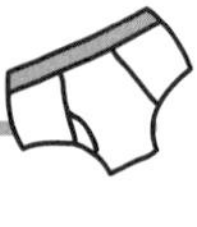

「要是媽媽因此不愛我了，怎麼辦……」

除了遭到侵害之外，許多孩子身上還背負著「家人會怎麼看我」的沉重課題，無法好好的說出口。

孩子不懂得如何求救，可是，身為父母的我們總是希望孩子遇到事情時，能夠在第一時間向我們報告。

因此，**我們不能忽略孩子透露的微小信號！**

當孩子出現以下徵兆時，就要注意。

- **突然開始尿床。**
- **異常的愛撒嬌。**
- **半夜突然哭起來。**
- **固執的不想去幼兒園或拒絕上學。**
- **開始詢問和「性」有關的事。**
- **積極要求爸媽撫摸性器官。**

除此之外，如果孩子出現嬰兒般的行為，或是對「性」表示興趣時的態度與以往不一樣的話，就有可能是身心受創的徵兆。

由於加害者多半是男性，所以受害的男孩更不敢對家人說。孩子這樣的心情，我們應該要能夠體恤。

當孩子鼓起勇氣說「有人把手伸到我的內褲裡」時，請給他大大的擁抱，並且告訴孩子：

「謝謝你說出來。你一定很害怕吧？這不是你的錯。不管怎樣，媽媽都愛你！」

性犯罪的受害者曾經告訴我：「爸媽願意接納我，說我沒有錯，光是這樣就成了我的救贖。」

還有，為了避免再次受害，建議在聽孩子描述時進行錄音或錄影。如果不方便的話就留下筆記，做為報警時的紀錄。

記住，不必勉強追問「什麼時候、在哪裡、被誰」，只要把孩子說的隻字片語記錄下來就可以了。

專業的部分，就交給專家吧！

「謝謝你願意說出來。」

「這不是你的錯。」

請以這樣的口吻告訴孩子，撫慰他的心靈。

另外，關於心理健康方面，建議向各地區的諮詢窗口*洽詢。

這樣的回憶，會留存在孩子的一生之中。別讓自家人獨自承擔，要鼓起勇氣對外求援。

＊臺灣各縣市設有「家庭暴力暨性侵害防治中心」。

沉思

PART 7

孩子真正想要的是什麼？透過性教育告訴孩子的事

外星人小劇場

機會叔叔

雞雞大小和性功能沒有關係！
我也這麼覺得！
要把這件事好好告訴青少年才行！
性
這是性教育的大好機會！
把它編排成平易近人的問答題！
性
機會叔叔為了我們這些青少年這麼努力……
太感謝你了！
爸爸，謝謝你！
原來他是你爸？
小霞

好期待月經

等到身體再長大一點，
體型變得女性化之後
……
到時候，月經就會來了！
是哦……
月經是從子宮排出來的唷！
我知道！
子宮是孕育小寶寶的重要器官，對吧？
好期待月經趕快來！
對了！
現在就把衛生棉放進可愛的收納袋裡面吧！
好可愛！
我也要！
月經趕快來吧！
……他們真的懂嗎？

內褲教室

內褲教室？
要親手縫製內褲嗎？
不是啦，那是性教育教室！
性……性教育？
退避三舍
你們冷靜一點！
我應該不會去啦……
我也是！
因為我以前都沒有好好學啊！
我也是啊！
所以我才想去內褲教室好好學。

「你是爸爸和媽媽相愛才出生的，我們很愛你。」
我想這樣告訴孩子。
這樣啊……真不錯！
真的！
說到性教育，我還以為是要看成人影片……
啊？
昨天，我看到一個不得了的影片……
你們看！
哇啊！
好猛……
內褲教室不是要看這種吧？
看來媽媽們更需要性教育……

別以為孩子永遠都是小孩子

▼能和外星人男孩相處的時間比想像中還短

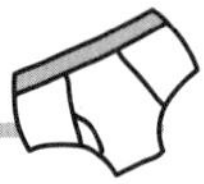

男孩最喜歡的三樣事物是……

「便便」、「雞雞」，以及**「媽媽」**！

「我要和媽媽結婚！」

「媽媽是全世界最漂亮的人！」

「我最喜歡媽媽了！」

諸如此類，男孩會說出許多讓媽媽開心到甚至會害羞的話，這是他們的特點。

有些男孩甚至會敵視爸爸，搶先當媽媽的粉絲團團長。

正因如此，**男孩的「動力」與「自信」，以及對女孩的「疼惜」與「溫柔」，都會因為媽媽的一句話而大幅改變。**

祕訣在於，媽媽要用「如果你……我會很開心」的出發點和語氣，把自己的心情告訴孩子。

舉例來說，和孩子談到月經時，可以告訴他：

「女孩月經來時會很疲倦、情緒不穩和肚子痛，這時候如果你願意對女孩溫柔一點的話，媽媽會很高興！」

當孩子開始對成人雜誌或色情網站感興趣時，要告訴他：

「這些資訊之中包含了一些暴力的內容，都是虛構的，媽媽希望你等到學會分辨之後再看。如果你懂得體貼別人的心情，媽媽會很高興！」

當男孩打架，想要踢對方的雞雞時，要告訴他：

「男生的雞雞裡面有小生命，要好好保護它！」

以這樣的出發點告誡男孩，想法就能完善的直達他們的內心，為他們培養體貼的心。

孩子的價值觀，幾乎是由爸媽的價值觀構成的。

當孩子到了十歲，步入青春期之後，會開始不願意聽從爸媽的話。即使如此，爸媽先前教給他們的價值觀和知識，還是會留在他們的心中。

尤其是「性」的話題，他們幾乎沒有機會從其他管道吸收。即使說「孩子對性的價值觀」大約等於「爸媽對性的價值觀」也不足為奇。

孩子在爸媽身邊的時間大約是十八年，乍聽之下很長，但其實眨個眼就過了。而且，進入青春期之後，孩子一心嚮往外面的世界，和爸媽對話的時間就會大幅減少。

能和孩子一起盡情度過的時光還剩下多久？在這段時間裡，我們究竟能為孩子留下什麼？

這樣一想，你是否覺得，現在能和孩子在一起的時光，顯得格外寶貴呢？

「有些事情只能趁現在做。」

在孩子三到十歲這段時間，把做為生命之源的性知識好好的傳授給他，這將成為引導孩子邁向幸福人生的指標。

外星人小劇場
爸爸的努力
性
我也要一起學習性教育！
真的嗎？
這是為了孩子的將來！
我要開始讀性教育的書！
這樣做沒什麼好丟臉的！
老公，你好帥！
火車上
哐噹
哐噹
性教育讀本
性
我不該在火車上看這個的！
比想像中還尷尬
火車上就別看了啦！

我的孩子
啊！
好大！好大！
怎麼了？
我的便便好大！
哇啊！
馬桶
很可愛吧？這是我生下來的寶寶哦！
什麼？
聽說，小孩子喜歡便便，是因為把它當作自己的小孩
……
小雄……
好臭！
沖水－
你就這樣一口氣把寶寶沖掉嘍！

想要小寶寶

當爸爸的精子……
和媽媽的卵子結合……
就會生出小寶寶嗎？
是的！
好神奇！
那現在趕快生嘛！
生嘛！
我想要小寶寶！
這……
拜託！現在馬上生嘛！
趕快嘛！
快點！
快點！
怎麼可能馬上生給你們啦！

偉大的雞雞
什麼？精子是從雞雞跑出來的？
很了不起吧？
也就是說，如果沒有雞雞的話，人類就不會出生了嗎？
呃……大概是吧？
雞雞好偉大！
你給我等一下！
如果沒有卵子，就生不出小寶寶！
所以卵子比較偉大！
雞雞！
卵子！
雞雞！
看來性教育有了成果啊！
太好了！
是這樣嗎……

你是因為愛而誕生

▼我們想透過性教育告訴孩子的事，以及希望媽媽知道的事

讀到這裡，各位應該已經了解，性教育並不只是教男女的生理差異、懷孕與生產的原理而已。

反覆向孩子傳達生命和身體的重要性，以及「你是因為愛才出生的」，這些議題能夠提高孩子的自我肯定感。讓孩子**「懂得珍惜自己和別人，學會愛人」**，並且**「避免成為性犯罪的加害者或受害者」**，就是性教育的最終目標。

性教育百利而無一害。在本書的最後章節，容我來為性教育的好處作個結論。

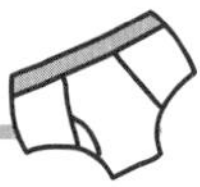

1 讓第一次性經驗的年齡層上升，避免非預期的懷孕。

研究結果顯示，接受正確性教育的孩子，發生第一次性經驗的年齡會比較晚。擁有性知識的孩子，會懂得體貼對方，也會慎重的作出判斷，評估當下的自己是否真的可以做愛。

日本秋田縣在二〇〇〇年時，十幾歲青少年人工墮胎案例大幅高於全國平均值，後來他們在縣內國高中全面實施性教育，如今青少年的人工墮胎案例已經遠低於全國平均值，可以說是性教育普及的成果。

2 實施性教育可以降低遭受性犯罪的機率！

媒體經常報導以小孩為目標的犯罪案件。

如果孩子不了解壞人正想對自己做什麼，就不會懂得大聲求救、閃避並向爸媽報告。這樣的狀況，非常不利於孩子的處境，且正中性犯罪者的下懷。

至於在家庭中接受過性教育的孩子，只要遇到壞人靠近就會產生警覺心，知道該盡快逃離現場，而且會告訴爸媽。

此外，男孩的媽媽們也都非常不希望孩子變成加害者吧？這部分需要爸媽的教導，不然的話，孩子很難理解「體貼」及「分辨可以和不可以的界線」。

若孩子能夠明白「不可以傷害別人」和「有些事不可以做」的道理，成為受害者或加害者的機率就會降低。

3 提升孩子的自我肯定感

「只有中了頭獎的精子，才能從好幾億隻精子中脫穎而出，跨越重重困難和卵子相遇，於是才生下了你。你在出生時，就已經中了頭獎哦！爸媽最愛你了！」

希望你能透過性教育，把這件事傳達給孩子。

「我是獨一無二的！」這樣的想法能夠讓孩子產生自信，自我肯定感也會隨之大大提升。

媽媽就是外星人男孩的王牌經紀人！

兒子將過著什麼樣的人生，很大部分取決於媽媽的育兒態度。

雖說如此，但也不要太拚命！首先要告訴自己「放輕鬆」，不要給自己太大壓力，不要執意做到非常完美。

外星人男孩總是不按牌理出牌，就請你從「享受與孩子的對話」開始做起吧！

我打從心底祝福各位能夠大顯身手！

後記

感謝你讀完了這本書。

自從我設立「超級開朗性教育『內褲教室』協會」以來，轉眼間已經過了三年。我懷著「想要替大眾解決煩惱」的心，為性教育加上「開朗」的特點，持續的向大眾宣導性教育，結果收到媽媽們極大的迴響。現在，我一年舉辦的演講，多達七十場。

其實，我小時候是個非常調皮的女孩，經常讓爸媽傷腦筋。我曾經堅持要拿刷子洗爸爸的雞雞，把爸爸搞得哭笑不得，第二天還得意洋洋的跑去跟幼兒園老師炫耀這件事。現在回想起來，真的為難我的爸媽了。

每個孩子都是很棒的「問題兒童」，會對「性」感興趣很正常。

如果你能透過本書了解到「世上家有男孩的媽媽們都和自己一樣煩惱」，因而感到比較安心和放鬆的話，便是我的榮幸。

最後，關於這本書的製作，我要感謝所有在日本各地活躍的「內褲教室」指導員、責任編輯，以及漫畫家的大力協助。我要對所有和我有緣的人致上最高的感謝之意。

此外，還要感謝在天上守護著我的家父。當初家父開門見山教導我的性知識，如今已化為小小的種子，開枝散葉並開花結果，不但讓人們開心，也成為他們的救贖。什麼？老爸，你說這樣還不夠？好的，我會繼續傳授給更多人，請繼續保佑我。

懷抱著對亡父的愛。

二〇一九年十月　**野島那美**

作者

野島那美

性教育顧問、超級開朗性教育「內褲教室」協會理事長。畢業於防衛醫科大學高等護理學院後，於泌尿科擔任護理師。與丈夫育有三名女兒。

對於孩子輕易就能接觸到不正確的性知識懷有危機意識，2016 年開始「超級開朗性教育『內褲教室』講座」，為日本國內外 4,000 位媽媽傳授在家就能教給孩子的性教育知識。2018 年成立「超級開朗性教育『內褲教室』協會」，至 2019 年 10 月止，在海內外共擁有 200 名指導員，協助的對象超過 12,000 人。此外，還發明可以邊學邊玩的性教育原創卡片，電子報讀者超過 13,000 人。

曾登上海內外諸多媒體，包括 NHK 電視臺節目《首都圈網路》、NHK BS Premium 頻道的《專家並非與你無關》、各大社報紙、英文報紙 The Japan Times 和德國公共廣播聯盟（ARD）。也曾受到幼兒園、小學、中學、行政機關與企業邀請，一年內在各地舉辦 70 多場演講。著有《媽媽，學校都沒有教我「性」》（如何出版）。

漫畫

Kayoko Abe

漫畫家、插畫家。擅長把困難的內容繪製成簡單易懂又好笑的解說漫畫，作品大多為準備考試用的解說漫畫、說明技術或服務內容的採訪漫畫，以及廣告或宣傳用漫畫。至 2019 年 5 月，採訪漫畫作品已超過 220 部。終身職志是要把複雜難懂的知識，繪製成平易近人的漫畫。

著有《漫畫：第一次蓋房子》、《看簡單的漫畫學會如何教人》、《看簡單的漫畫搞懂家人過世後的法律手續》、《看簡單的漫畫學會當奶爸》、《看簡單的漫畫學會怎麼用責罵和誇獎教導男孩子》、《漫畫：關於養老金，我想告訴你的是……》（以上書名均為暫譯）。

翻譯

伊之文

翻譯生涯邁入第十年，希望能隨時間和年紀逐漸累積翻譯經驗與實力；興趣是翻譯、閱讀、文學和推理。在小熊出版的譯作有《12 歲之前一定要學：①表達技巧 & 溝通能力》、《12 歲之前一定要學：②珍惜自己 & 人際關係》、《12 歲之前一定要學：③整理收納 & 良好習慣》和《12 歲之前一定要學：④訂定計畫 & 時間管理》等。

國家圖書館出版品預行編目 (CIP) 資料

男孩都是外星人：全世界最簡單易懂的男孩性教育 / 野島那美作 ; Kayoko Abe 繪 ; 伊之文翻譯 . -- 初版 . -- 新北市：小熊出版：遠足文化事業股份有限公司發行 , 2021.07
200 面 ; 13×18.8 公分 . --（親子課）

ISBN 978-986-5593-54-4（平裝）

1. 性教育 2. 親職教育

544.72 110009910

親子課

男孩都是外星人：全世界最簡單易懂的男孩性教育

作者：野島那美　漫畫：Kayoko Abe　翻譯：伊之文

總編輯：鄭如瑤｜主編：詹嬿馨｜協力編輯：李美麗｜美術編輯：莊芯媚｜行銷副理：塗幸儀

社長：郭重興｜發行人兼出版總監：曾大福
業務平臺總經理：李雪麗｜業務平臺副總經理：李復民
海外業務協理：張鑫峰｜特販業務協理：陳綺瑩｜實體業務協理：林詩富
印務協理：江域平｜印務主任：李孟儒
出版與發行：小熊出版・遠足文化事業股份有限公司
地址：231 新北市新店區民權路 108-2 號 9 樓｜電話：02-22181417 ｜傳真：02-86671851
客服專線：0800-221029 ｜客服信箱：service@bookrep.com.tw
劃撥帳號：19504465 ｜戶名：遠足文化事業股份有限公司
Facebook：小熊出版｜ E-mail：littlebear@bookrep.com.tw
讀書共和國出版集團網路書店：http://www.bookrep.com.tw
團體訂購請洽業務部：02-22181417 分機 1132、1520

法律顧問：華洋法律事務所／蘇文生律師｜印製：天浚有限公司
初版一刷：2021 年 7 月｜定價：330 元｜ ISBN：978-986-5593-54-4

小熊出版官方網頁　小熊出版讀者回函